Coleção Lúmen

Discurso Preliminar Sobre o Espírito Positivo

Coleção Lúmen

Auguste Comte

Discurso Preliminar Sobre o Espírito Positivo

70

DISCURSO PRELIMINAR SOBRE O ESPÍRITO POSITIVO

AUTOR: Augusto Comte

DIRETOR DA ALMEDINA BRASIL: Rodrigo Mentz
EDITOR: Marco Pace
EDITOR DE DESENVOLVIMENTO: Rafael Lima
ASSISTENTES EDITORIAIS: Larissa Nogueira e Letícia Gabriella Batista
ESTAGIÁRIA DE PRODUÇÃO: Laura Roberti

REVISÃO: Juliana Leuenroth e Tamiris Maróstica
DIAGRAMAÇÃO: Almedina
DESIGN DE CAPA: Roberta Bassanetto

ISBN: 9786554271851
Outubro, 2023

Dados Internacionais de Catalogação na Publicação (CIP)
(Câmara Brasileira do Livro, SP, Brasil)

Comte, Augusto, 1798-1857
Discurso preliminar sobre o espírito positivo /
Augusto Comte. -- São Paulo : Edições 70, 2023.
ISBN 978-65-5427-185-1
1. Filosofia 2. Individualismo 3. Liberalismo
4. Política - Teoria 5. Positivismo I. Título.

23-166005 CDD-146.4

Índices para catálogo sistemático:
1. Positivismo : Filosofia 146.4
Eliane de Freitas Leite - Bibliotecária - CRB 8/8415

Este livro segue as regras do novo Acordo Ortográfico da Língua Portuguesa (1990).

EDITORA: Almedina Brasil
Rua José Maria Lisboa, 860, Conj.131 e 132, Jardim Paulista | 01423-001 São Paulo | Brasil
www.almedina.com.br

PREFÁCIO

Este texto, publicado em 1844, apareceu como uma introdução ao *Tratado filosófico de astronomia popular* e é considerado uma obra de divulgação de todo o sistema filosófico de Augusto Comte. Em linhas gerais, os pontos principais da filosofia comtiana estão estruturados pela apresentação da lei dos três estados pelos quais passa a humanidade, isto é, o estado teológico, o metafísico e o positivo. O primeiro, é considerado provisório, o segundo, transitório e somente o terceiro, o regime definitivo da razão humana. No estado teológico, os homens procuram se apegar a explicar o inexplicável, investigam as causas essenciais de todas as coisas e sempre com o propósito de encontrar um conhecimento absoluto. Este processo é percorrido em 3 fases distintas, a do fetichismo, a do politeísmo e a do monoteísmo. Na primeira delas, os homens se acostumam a atribuir vida semelhante à nossa a todos os corpos exteriores. Por isso mesmo, a adoração dos astros constitui uma dessas formas de atribuição de vida aos planetas e às estrelas. Na segunda fase, a do politeísmo, configura-se a prevalência da imaginação, que substitui o instinto e o sentimento que haviam prevalecido para dar sustentação à fase do fetichismo. A maior parte da espécie humana ainda não conseguiu ultrapassar esta fase marcante do estado teológico.

Na terceira fase, a do monoteísmo, tem início o declínio do estado teológico, destacando-se a influência das explicações racionais sobre aquelas sustentadas na imaginação. Embora o monoteísmo represente um avanço considerável em relação às fases anteriores, ele apenas corrobora a tendência dos homens a buscarem soluções absolutas para todos os problemas humanos. No estado teológico tudo possui uma explicação absoluta, o mundo está todo bem resolvido, porém, em causas representadas à imagem e semelhança das ações e atividades humanas. Este regime inicial corresponde por assim dizer à infância da humanidade.

Antes porém que chegue a atingir seu estágio adulto, ela passa por uma fase intermediária, é o estado metafísico propriamente dito da evolução da nossa espécie. Porém, também neste estado, os homens procuram um saber absoluto, explicações da natureza íntima dos seres, a origem e o fim de todas as coisas. Desta vez não mais baseando-se em seres animados, em agentes sobrenaturais, à semelhança dos humanos, mas em entidades ou abstrações que substituem as divindades, chegando a se apresentar como a própria natureza, na qual encontrar-se-iam as explicações de todas as coisas. Não podemos negar que esse estado apresenta um certo avanço em relação ao teológico, isto é, em relação à infância da humanidade. Em contrapartida, ele também constitui um obstáculo para a concretização do estado adulto da humanidade, definitivo e de positividade racional. Neste estado último da humanidade, "reconhece-se de agora em diante, como regra fundamental que toda proposição que não seja estritamente redutível ao simples enunciado de um fato, particular ou geral, não pode oferecer nenhum sentido real e inteligível"... "Seja qual for, porém o modo, racional ou experimental, de proceder à sua descoberta, é sempre de sua conformidade, direta ou indireta, com os fenômenos observados que resulta exclusivamente sua eficácia científica. A pura imaginação perde assim irrevogavelmente sua antiga supremacia mental, e se subordina necessariamente à observação, de maneira a constituir um estado lógico plenamente normal, sem cessar, entretanto, de exercer, nas especulações positivas, ofício capital e inesgotável, para criar ou aperfeiçoar os meios de ligação definitiva ou provisória. Numa palavra, a revolução fundamental, que caracteriza a virilidade de nossa inteligência, consiste essencialmente em substituir em toda parte a inacessível determinação das causas propriamente ditas pela simples pesquisa das leis, isto é, relações constantes que existem entre os fenômenos observados. Quer se trate dos menores quer dos mais sublimes efeitos, do choque ou da gravidade, do pensamento ou da moralidade, deles só podemos conhecer as diversas ligações mútuas próprias à sua realização, sem nunca penetrar no mistério de sua produção". Eis a caracterização bem clara do estado adulto, definitivo da humanidade, cujos desdobramentos encontram-se nesta obra que apresentamos aqui. É preciso abandonar, pois, de uma vez por todas, toda e qualquer tentativa de procurar respostas absolutas e definitivas para tudo. Consequentemente, todos os nossos conhecimentos são relativos. Toda investigação científica sadia deve buscar subordinar a imaginação à observação, que servirá de base para o estabelecimento das relações ente os fenômenos observados, passando pela matemática, a astronomia, a física, a química, a biologia, até chegar à física social, isto é, a sociologia, que tratará das relações entre os fenômenos sociais, e a moral. Se anteriormente, a sociedade e a moral estavam subordinadas a concepções de caráter teológico ou metafísico, será necessário, a partir de agora, vinculá-las ao novo espírito positivo, cujas características fundamentais são: realidade, utilidade, certeza, precisão, aptidão orgânica e relatividade. Na contraposição de cada uma dessas caraterísticas, veremos afirmar-se o espírito positivo. Assim, real opõe-se a quimérico, o útil contrasta com o ocioso, certeza com a indecisão, a precisão com as opiniões vagas, a organização com a destruição e, finalmente, o relativo com o absoluto. Sde todas essas características se fazem presentes nas ciências fundamentais, resta tão somente estendê-las às ciências sociais e à moral, o que será realizado por um novo movimento político que devera apartar-se ao mesmo tempo das formas que sustentaram o antigo regime, mas também de algumas formas de democracia que têm sustentado as novas relações sociais após a Revolução Francesa. A organização da sociedade precisa estar assentada na nova filosofia positiva, pois "não se pode primeiramente desconhecer a aptidão espontânea dessa filosofia a constituir diretamente a conciliação fundamental, ainda procurada de tão vãs maneiras, entre as exigências simultâneas da ordem e do progresso. Basta-lhe, para isso, estender até os fenômenos sociais uma tendência plenamente conforme à sua natureza e que tornou agora muito familiar em todos os outros casos essenciais. Num assunto qualquer, o espírito positivo leva sempre a estabelecer exata harmonia elementar entre as ideias de existência e as ideias de movimento, donde resulta mais especialmente, no que respeita aos corpos vivos, a correlação permanente das ideias de organização com as ideias de vida e, em seguida, graças a uma especialização peculiar ao organismo social, a solidariedade contínua das ideias de ordem com as ideias de progresso. Para a nova filosofia, a ordem constitui sem cessar a condição fundamental do progresso e, reciprocamente, o progresso vem a ser a meta necessária da ordem; como no mecanismo animal, o equilíbrio e a progressão são mutuamente indispensáveis, a título de fundamento ou destinação". Ora, é exatamente a ideia de ordem e de progresso atribuídas ao organismo social que deverá formar a base para o novo movimento político que terá como organizadores e líderes os filósofos positivistas, eivados de espírito científico e encarregados de estabelecer a nova ordem social e moral que deverá nortear os rumos da sociedade moderna. Daí a necessidade de uma educação universal para regenerar o espírito científico por intermédio de estudos positivos, num processo que deverá envolver tanto os empreendedores industriais quanto a classe operária, a qual deverá instruir-se sobretudo dos elementos fundamentais da astronomia elaborados por Copérnico, Kepler e Galileu.

Segundo Auguste Comte, a época da filosofia positiva, que é a expressão do espírito científico moderno, iniciado por esses três nomes da astronomia, é também a época do aparecimento da classe dos empreendedores industriais e da classe operária assalariada, composta em sua maioria pelo povo mais simples. Este, por sua vez, não deverá participar intensamente dos debates que dizem respeito à organização da vida social e política, pois "o povo só pode interessar-se essencialmente pelo uso efetivo do poder, onde quer que resida, e não por sua conquista especial. Logo que as questões políticas, ou melhor, a partir de agora sociais, se reportarem ordinariamente à maneira pela qual o poder deve ser exercido para melhor atender a seu destino geral, principalmente relativa, para os modernos, à massa proletária, não tardaremos a reconhecer que o desdém atual não se vincula de modo algum a uma perigosa indiferença... o povo está naturalmente disposto a desejar que a vã e tempestuosa discussão dos direitos seja enfim substituída por uma fecunda e salutar apreciação dos diversos deveres essenciais, quer gerais, quer especiais. Tal é o princípio espontâneo da íntima conexão, que, cedo ou tarde pressentida, ligará necessariamente o instinto popular à ação social da filosofia positiva; pois essa grande transformação equivale evidentemente àquela outra, acima motivada pelas mais altas considerações especulativas, que faz do movimento político atual simples movimento filosófico. Seu primeiro e principal resultado social consistirá em formar solidamente uma ativa moral universal, prescrevendo a cada agente, individual ou coletivo, as regras de conduta mais conformes à harmonia fundamental." Resta, finalmente, a organização da sociedade para a realização desse hercúleo empreitada que terá como líderes os filósofos positivistas e os empreendedores, secundados pela classe operária. Para tal organização, nada melhor do que a formação de uma verdadeira igreja de caráter laico, isto é, que tenha como objetivo não o culto a forças sobrenaturais, mas que tenha como tarefa a unidade de todos em torno de uma verdadeira religião da humanidade, que consiga congregar todos os bons espíritos na tarefa fundamental de divulgar e realizar o espírito positivo e científico para toda a sociedade. Tal empreendimento será discutido, no entanto, em outra obra de Comte intitulada *Catecismo positivista*.

MILTON MEIRA DO NASCIMENTO

SUMÁRIO

PARTE III
CONDIÇÕES DO ADVENTO DA ESCOLA POSITIVA (ALIANÇA DOS PROLETÁRIOS E DOS FILÓSOFOS)

OBJETO DESTE DISCURSO

O conjunto dos conhecimentos astronômicos não deve mais ser considerado isoladamente, como até aqui, mas constituir doravante apenas um dos elementos indispensáveis do novo sistema indivisível de filosofia geral que hoje atingiu finalmente sua verdadeira maturidade abstrata, depois de ter sido gradualmente preparado pelo concurso espontâneo dos grandes trabalhos científicos dos três últimos séculos. Em virtude desta íntima conexão, ainda pouco compreendida, a natureza e o destino deste Tratado não poderão ser devidamente apreciados se este preâmbulo imprescindível não for consagrado, sobretudo à definição conveniente do verdadeiro e fundamental espírito desta filosofia, cuja instalação universal deve ser, no fundo, o objetivo principal de semelhante ensino. Como ela se distingue principalmente pela contínua preponderância, a um tempo lógica e científica, do ponto de vista histórico ou social, devo antes de tudo, para melhor caracterizá-la, lembrar de modo sumário a grande lei que estabeleci, em meu Curso de Filosofia Positiva, sobre a evolução total da Humanidade, lei à qual os nossos estudos astronômicos devem recorrer com freqüência.

PARTE I

SUPERIORIDADE MENTAL DO ESPÍRITO POSITIVO

CAPÍTULO 1

Lei da Evolução Intelectual da Humanidade ou Lei dos Três Estados

De acordo com esta doutrina fundamental, todas as nossas especulações estão inevitavelmente sujeitas, assim no indivíduo como na espécie, a passar por três estados teóricos diferentes e sucessivos, que podem ser qualificados pelas denominações habituais de teológico, metafísico e positivo, pelo menos para aqueles que tiverem compreendido bem o seu verdadeiro sentido geral. O primeiro estado, embora seja, a princípio, a todos os respeitos indispensável, deve ser concebido sempre, doravante como puramente provisório e preparatório; o segundo, que é, na realidade, apenas a modificação dissolvente do anterior, não comporta mais que um simples destino transitório para conduzir gradualmente ao terceiro; é neste, único plenamente normal, que consiste, em todos os gêneros, o regime definitivo da razão humana.

I. Estado teológico ou fictício

No seu primeiro surto, necessariamente teológico, todas nossas especulações manifestam de modo espontâneo uma predileção característica pelas mais insolúveis questões, pelos assuntos mais radicalmente inacessíveis a qualquer investigação decisiva. O espírito humano, numa época em que está ainda abaixo dos mais simples problemas científicos, por um contraste, que em nossos dias deve parecer-nos à primeira vista inexplicável, mas que, no fundo, se acha então em plena harmonia com a verdadeira situação inicial da nossa inteligência, procura avidamente, e de maneira quase exclusiva, a origem de todas as coisas, as causas essenciais, quer primárias, quer finais, dos diversos fenômenos que o impressionam, e seu modo fundamental de produção, em uma palavra, os conhecimentos absolutos. Esta necessidade primitiva se acha naturalmente satisfeita tanto quanto o exige tal situação, é mesmo, de fato, tanto quanto o possa jamais ser, por nossa tendência inicial a transportar por toda a parte o tipo humano, assimilando quaisquer fenômenos aos que nós mesmos produzimos, os quais, por esta razão, começam a parecer-nos bastante conhecidos, em virtude da intuição imediata que os acompanha. Para compreender bem o espírito puramente teológico, proveniente do desenvolvimento, cada vez mais sistemático, deste estado primordial, cumpre não nos limitarmos a considerá-lo na sua última fase que se consuma, à nossa vista, nas populações mais adiantadas, mas que está longe de ser a mais característica: torna-se indispensável lançarmos uma visão verdadeiramente filosófica sobre o conjunto de sua marcha natural, a fim de apreciarmos sua identidade fundamental sob as três formas principais que lhe são sucessivamente próprias.

A mais imediata e a mais pronunciada destas formas constitui o fetichismo propriamente dito, que consiste sobretudo em atribuir a todos os corpos exteriores uma vida essencialmente análoga à nossa, quase sempre, porém, mais enérgica, em virtude de sua ação, de ordinário, mais poderosa. A adoração dos astros caracteriza o grau mais elevado desta primeira fase teológica que, no início, quase não difere do estado mental a que atingem os animais superiores. Ainda que esta primeira forma de filosofia teológica se manifeste com evidência na história intelectual de todas as nossas sociedades, ela já não domina diretamente hoje senão na menos numerosa das três grandes raças que compõem a nossa espécie.

Na sua segunda fase essencial, que constitui o verdadeiro politeísmo, muitas vezes confundido pelos modernos com o estado precedente, o espírito teológico representa claramente o livre predomínio especulativo da imaginação, ao passo que até então o instinto e o sentimento tinham sobretudo prevalecido nas teorias humanas. A filosofia inicial sofre nessa época a mais profunda transformação que o conjunto do seu destino real pode comportar, por isso que nela a vida é enfim retirada dos objetos materiais para ser misteriosamente transportada a diversos seres fictícios, habitualmente invisíveis, cuja intervenção ativa e contínua se torna daí por diante a origem direta de todos os fenômenos exteriores e mesmo em seguida dos fenômenos humanos. E durante esta fase característica, mal apreciada hoje, que convém principalmente estudar o espírito teológico, que nele se desenvolve com uma plenitude e uma homogeneidade impossível posteriormente: esta época é, a todos os respeitos, a do seu maior ascendente, ao mesmo tempo mental e social. A maioria de nossa espécie não saiu ainda de semelhante estado, que persiste hoje na mais numerosa das três raças humanas, na elite da raça negra e na parte menos avançada da branca.[1]

---

[1] N.E.: Na teoria positivista de Comte, o estágio teológico, a base evolutiva da sociedade, teria como raiz todas as religiões e crenças politeístas, como as

Na terceira fase teológica, o monoteísmo propriamente dito, dá começo ao inevitável declínio da filosofia inicial. Esta, embora conserve por muito tempo grande influência social, contudo mais aparente ainda do que real, sofre desde então rápido decréscimo intelectual, como conseqüência espontânea desta simplificação característica pela qual a razão, unificando os deuses, restringe cada vez mais o domínio anterior da imaginação e permite desenvolver gradualmente o sentimento universal, ainda quase insignificante, da sujeição forçosa de todos os fenômenos naturais a leis invariáveis. Sob formas muito diversas e até radicalmente inconciliáveis, esta fase extrema do regime preliminar persiste ainda, com energia muito desigual, na imensa maioria da raça branca; mas ainda que seja assim mais fácil de ser observada, as próprias preocupações pessoais acarretam hoje um obstáculo muito frequente à sua judiciosa observação, por falta de uma comparação suficientemente racional e justa com as duas fases precedentes.

Por mais imperfeita que possa parecer agora semelhante maneira de filosofar, muito importa ligar de modo indissolúvel o estado atual do espírito humano ao conjunto dos seus estados anteriores, reconhecendo convenientemente que ela devia ter sido, por muito tempo, tão indispensável como inevitável. Limitando-nos aqui à simples apreciação intelectual, seria

---

crenças egípcias, gregas e de várias religiões de matriz africana. Essas crenças seriam aos poucos superadas em lugar de crenças monoteístas até evoluírem para os estágios seguintes da teoria positivista. Comte, em sua visão eurocentrada, apontava que essa evolução só seria atingida por determinadas sociedades que seriam capazes de atingi-la. Essa teoria foi bem recebida a ponto de servir de base ou justificativa para a colonização de sociedades consideradas "menos evoluídas", com a ideia de "levar a civilização" para que outros povos pudessem se desenvolver.

por certo supérfluo insistir sobre a tendência involuntária que, mesmo hoje, nos arrasta todos às explicações de pura essência teológica, logo que queremos penetrar diretamente o mistério inacessível do modo fundamental de produção dos fenômenos, sobretudo daqueles cujas leis reais ainda ignoramos. Os mais eminentes pensadores podem então verificar a sua própria disposição natural para o mais ingênuo fetichismo, quando esta ignorância se acha combinada momentaneamente com alguma paixão pronunciada. Se, pois, todas as explicações teológicas, experimentaram crescente e decisivo desuso entre os modernos ocidentais, isto aconteceu porque as investigações misteriosas que elas visavam foram cada vez mais afastadas como radicalmente inacessíveis à nossa inteligência, que se habituou pouco a pouco a substitui-las de modo irrevogável por estudos mais eficazes e mais em harmonia com as nossas verdadeiras necessidades. Mesmo na época em que o verdadeiro espírito filosófico já tinha prevalecido em relação aos mais simples fenômenos e em assunto tão fácil como a teoria elementar do choque, o memorável exemplo de Malebranche lembrará sempre a necessidade de se recorrer à intervenção direta e constante dos agentes sobrenaturais todas as vezes que se procure remontar à causa primeira de qualquer acontecimento. Ora, por outro lado, tais tentativas, por mais pueris que pareçam, justamente hoje, constituíam sem dúvida o início meio primitivo de provocar as especulações humanas e determinar o seu progresso contínuo, libertando de modo espontâneo nossa inteligência do círculo vicioso em que a princípio se acha necessariamente envolvida pela oposição radical de duas condições por igual imperiosas. Se, de fato, os modernos tiveram de proclamar a impossibilidade de fundar qualquer teoria sólida a não ser sobre um concurso suficiente de observações adequadas, não é menos incontestável que o espírito humano não poderia jamais combinar, nem mesmo recolher, esses materiais indispensáveis sem ser continuamente dirigido por algumas ideias especulativas previamente estabelecidas. Assim, estas concepções primordiais só podiam, é claro, resultar de uma filosofia que prescindisse, por sua natureza, de qualquer preparo prolongado, sendo capaz, em uma palavra, de surgir espontaneamente, sob o impulso único de um instinto direto, por mais quiméricas que devessem ser, além disso, especulações tão desprovidas de todo fundamento real. Tal é o feliz privilégio dos princípios teológicos, sem os quais podemos assegurar que a nossa inteligência não poderia nunca sair do seu torpor inicial; a eles permitiram, dirigindo sua atividade especulativa, preparar gradualmente um regime lógico melhor. Esta aptidão fundamental foi, além disto, poderosamente seguida pela primitiva predileção do espírito humano pelas questões insolúveis, que atraíam sobretudo essa filosofia primitiva. Não podíamos avaliar nossas forças mentais, e, por conseguinte, circunscrever judiciosamente o seu destino, senão depois de exercitá-las suficientemente. Ora, este exercício indispensável não podia ser desde logo determinado, sobretudo nas mais débeis faculdades da nossa natureza, sem o enérgico estímulo inerente a tais estudos, nos quais tantas inteligências mal cultivadas ainda persistem em procurar a mais pronta e a mais completa solução das questões diretamente usuais.

Para vencer suficientemente nossa inércia nativa, foi mesmo preciso durante muito tempo recorrer às poderosas ilusões que tal filosofia suscitava espontaneamente sobre o poder quase indefinido do homem para modificar ao seu sabor um mundo então concebido como feito para seu uso e que nenhuma grande lei podia ainda subtrair à arbitrária supremacia das influências sobrenaturais. Há apenas três séculos que, na elite da Humanidade, as esperanças astrológicas e alquímicas, último vestígio científico desse espírito primitivo, deixaram na realidade de servir para o acúmulo diário das observações correspondentes, como o indicaram respectivamente Kepler e Berthollet.

O concurso decisivo destes diversos motivos intelectuais seria, além disso, poderosamente fortalecido se a natureza deste Tratado me permitisse assinalar aqui suficientemente a influência irresistível das altas necessidades sociais, que apreciei como convinha na obra fundamental mencionada no início deste Discurso. Pode-se assim, desde logo, demonstrar em toda a sua plenitude como o espírito teológico foi por muito tempo indispensável à constante combinação das ideias morais e políticas, ainda mais especialmente do que a de todas as outras, não só em virtude de sua complicação superior, mas também porque os fenômenos correspondentes, primitivamente muito pouco pronunciados, só podiam adquirir um desenvolvimento característico após o avanço muito prolongado da civilização humana. É uma estranha inconsequência, apenas desculpável pela tendência cegamente crítica do nosso tempo, reconhecer a impossibilidade em que se achavam os antigos de filosofar sobre os assuntos mais simples a não ser de maneira teológica e, não obstante, desconhecer a insuperável necessidade que tinham sobretudo os politeístas de adotar um regime análogo para as especulações sociais. Mas é preciso compreender, além disso, ainda que eu não o possa demonstrar aqui, que esta filosofia inicial não foi menos indispensável ao desenvolvimento preliminar de nossa sociabilidade do que ao de nossa inteligência, quer para constituir primitivamente algumas doutrinas comuns, sem as quais o laço social não teria podido adquirir nem extensão, nem consistência para suscitar espontaneamente a única autoridade espiritual que poderia então surgir.

II. Estado metafísico ou abstrato

Por mais sumárias que tenham sido aqui estas explicações gerais sobre a natureza provisória e o destino preparatório da única filosofia que convinha realmente à infância da Humanidade, elas permitem contudo perceber sem dificuldade que o regime teológico difere muito profundamente, sob todos os aspectos, do que veremos mais adiante corresponder à sua virilidade mental. Para que a passagem gradual de um a outro pudesse operar-se originariamente, assim no indivíduo como na espécie, tornou-se indispensável o auxílio crescente de uma espécie de filosofia intermediária essencialmente limitada a este ofício transitório. Tal é a participação especial do espírito metafísico propriamente dito na evolução fundamental da nossa inteligência, que, antipática a toda mudança repentina, pode elevar-se assim, quase insensivelmente, do estado puramente teológico ao francamente positivo, se bem que, no fundo, esta situação equívoca se aproxime muito mais do primeiro do que do último. As especulações dominantes conservaram no estado metafísico o mesmo caráter essencial de tendência ordinária para os conhecimentos absolutos: apenas a solução sofreu nele notável transformação, própria a tornar mais fácil o surto das concepções positivas. Como a Teologia, a Metafísica tenta de fato explicar sobretudo a natureza íntima dos seres, a origem e o destino de todas as coisas, o modo essencial de produção dos fenômenos: mas, em vez de empregar para isso os agentes sobrenaturais propriamente ditos, substitui-os cada vez mais por entidades ou abstrações personificadas, cujo uso, verdadeiramente característico, amiúde permitiu designá-la sob a denominação de Ontologia. É facílimo observar hoje tal maneira de filosofar que, preponderante ainda em relação aos fenômenos mais complicados, oferece frequentemente, mesmo nas teorias mais simples e menos atrasadas, tantos traços apreciáveis de seu longo domínio.[2] A eficácia histórica destas entidades resulta diretamente do seu caráter equívoco; porque, em cada um desses seres metafísicos, inerentes ao corpo correspondente, sem se confundir com ele, o espírito pode, à vontade, conforme esteja mais próximo ao estado teológico ou do positivo, ver uma verdadeira emanação do poder sobrenatural ou uma simples denominação abstrata do fenômeno considerado. Não é mais então a pura imaginação que domina e não é ainda a verdadeira observação, mas o raciocínio adquire nessa fase grande extensão e prepara-se confusamente para o verdadeiro exercício científico. Deve-se aliás notar que sua parte especulativa se acha, a princípio, muito exagerada, em virtude desta obstinada tendência a argumentar em vez de observar que, em todos os gêneros, caracteriza habitualmente o espírito metafísico, mesmo em seus mais eminentes órgãos. Uma ordem de concepções tão flexível, que não comporta absolutamente a consistência por tanto tempo peculiar ao sistema teológico, deve, além disso, atingir muito mais rapidamente a unidade correspondente, pela subordinação gradual das diversas entidades particulares a uma única entidade geral, a Natureza, destinada a representar o fraco equivalente metafísico da vaga ligação universal dos fenômenos operada pelo monoteísmo.

---

[2] Quase todas as explicações habituais relativas aos fenômenos sociais, a maior parte das que concernem ao homem intelectual e moral, uma grande parte de nossas teorias fisiológicas ou médicas, e mesmo várias teorias químicas, etc., lembram ainda diretamente a estranha maneira de filosofar tão jocosamente caracterizada por Molière, sem nenhum grave exagero, a propósito, por exemplo, da virtude dormitiva do ópio, em conformidade com o abalo decisivo que Descartes acabava de fazer experimentar a todo o regime das entidades.

Para compreendermos melhor, sobretudo em nossos dias, a eficácia histórica de semelhante aparelho filosófico, importa reconhecer que, por sua natureza, ele não é suscetível espontaneamente senão de uma simples atividade crítica ou dissolvente, mesmo mental, e com mais forte razão social, sem poder jamais organizar nada que lhe seja próprio. Radicalmente inconsequente, este espírito equívoco conserva todos os princípios fundamentais do sistema teológico, tirando-lhe, porém, cada vez mais o vigor e a fixidez indispensáveis à sua autoridade efetiva; é nesta alteração que consiste, de fato e a todos os respeitos, sua principal utilidade passageira, que se manifesta quando o regime antigo, por muito tempo progressivo, para o conjunto da evolução humana, atinge inevitavelmente aquele grau de prolongamento abusivo que tende a perpetuar de modo indefinido o estado de infância que ele dirigira antes com tanta felicidade. A Metafísica é, pois, realmente, em essência, apenas uma espécie de teologia enervada pouco a pouco por simplificações dissolventes, que lhe tiram espontaneamente o poder direto de impedir o desenvolvimento das concepções positivas, conservando-lhe, contudo, a aptidão provisória para entreter um certo exercido indispensável do espírito de generalização, até que este possa enfim receber melhor alimento. Em virtude de seu caráter contraditório, o regime metafísico ou ontológico acha-se sempre na inevitável alternativa de inclinar-se para uma vã restauração do estado teológico a fim de satisfazer às condições de ordem, ou de impelir a uma situação puramente negativa para escapar ao império opressivo da Teologia. Esta oscilação necessária, que só se observa agora em relação às teorias mais difíceis, existiu igualmente outrora a respeito mesmo das mais simples, enquanto durou sua idade metafísica, em virtude da impotência orgânica sempre peculiar à semelhante maneira de filosofar. Devemos sem temor assegurar que, se a razão pública não a tivesse afastado desde muito tempo, no que concerne a certas noções fundamentais, as dúvidas insensatas que ela suscitou, há vinte séculos, sobre a existência dos corpos exteriores, subsistiriam ainda essencialmente, porque na verdade ela nunca as dissipou por nenhum argumento decisivo. O estado metafísico pode, pois, ser afinal encarado como uma espécie de doença crônica naturalmente peculiar à nossa evolução mental, individual ou coletiva, entre a infância e a virilidade.

Não remontando as especulações históricas quase nunca, entre os modernos, além dos tempos politéicos o espírito metafísico deve parecer nelas quase tão antigo como o próprio espírito teológico, pois que ele presidiu necessariamente, ainda que de modo implícito, à transformação primitiva do fetichismo em politeísmo, a fim de substituir desde logo a atividade puramente sobrenatural, a qual, retirada assim de cada corpo particular, devia deixar aí, de modo espontâneo, alguma entidade correspondente. Como, todavia, esta primeira evolução teológica não pôde dar então lugar a nenhuma discussão real, a interferência contínua do espírito ontológico só começou a tornar-se plenamente característica na revolução seguinte, que operou a transformação do politeísmo em monoteísmo, da qual ele foi o órgão natural. Sua influência crescente devia parecer orgânica a princípio, enquanto se achava subordinada ao impulso teológico, mas sua natureza essencialmente dissolvente manifestou-se cada vez mais, quando tentou estender gradualmente a simplificação da Teologia além mesmo do monoteísmo vulgar, que constituía, sem nenhuma dúvida, a fase extrema realmente possível da filosofia inicial. Foi assim que, durante os últimos cinco séculos, o espírito metafísico secundou negativamente o surto fundamental de nossa civilização moderna, decompondo pouco a pouco o sistema teológico, que se tornara enfim retrógrado ao terminar a Idade Média, em virtude de achar-se essencialmente esgotada a eficácia social do regime monotéico. Infelizmente depois de ter realizado, em cada gênero, esse ofício indispensável, mas passageiro, a ação demasiado prolongada das concepções ontológicas tendeu sempre a impedir igualmente qualquer outra organização real do sistema especulativo; de sorte que o mais perigoso obstáculo à instalação final da genuína filosofia, resulta, com efeito, hoje desse mesmo espírito que ainda se atribui muitas vezes o privilégio quase excluso das meditações filosóficas.

III. Estado positivo ou real

1.º Seu principal caráter: a lei da subordinação constante, da imaginação à observação

Esta longa sucessão de preâmbulos necessários conduz enfim nossa inteligência, gradualmente emancipada, ao seu estado definitivo de positividade racional, que deve ser caracterizado aqui de um modo mais especial do que os dois estados preliminares. Tendo tais exercícios preparatórios mostrados espontaneamente à inanidade radical das explicações vagas e arbitrárias próprias à filosofia inicial, quer teológica, quer metafísica, o espírito humano renuncia doravante às pesquisas absolutas, que só convinham à sua infância, e circunscreve os seus esforços ao domínio desde então rapidamente progressivo da verdadeira observação, única base possível dos conhecimentos realmente acessíveis, criteriosamente adaptados às nossas necessidades efetivas. A lógica especulativa tinha até então consistido em raciocinar, de modo mais ou menos sutil, segundo princípios confusos, que, não comportando nenhuma prova suficiente, suscitavam sempre debates sem resultado. Ela reconhece em seguida, como regra fundamental, que toda proposição que não é estritamente redutível à simples enunciação de um fato, particular ou geral, não nos pode oferecer nenhum sentido real e inteligível. Os princípios que ela emprega não passam em si mesmos de verdadeiros fatos, apenas mais gerais e mais abstratos do que aqueles cuja ligação devem formar. Qualquer que seja, aliás, o modo racional ou experimental de os descobrir, é sempre da sua conformidade, direta ou indireta, com os fenômenos observados que resulta exclusivamente sua eficácia científica. A pura imaginação perde então de modo irrevogável a sua antiga supremacia mental e subordina-se necessariamente à observação, de maneira a constituir um estado lógico plenamente normal, sem deixar contudo de exercer, nas especulações positivas, um papel tão capital como inesgotável, para criar ou aperfeiçoar os meios de ligação, quer definitiva, quer provisória. Em uma palavra, a revolução fundamental que caracteriza o estado viril de nossa inteligência consiste em substituir por toda a parte a inacessível determinação das causas propriamente ditas, pela simples pesquisa das leis, isto é, das relações constantes que existem entre os fenômenos observados. Quer se trate dos menores ou dos mais sublimes efeitos, do choque e da gravidade, quer do pensamento e da moralidade, deles não podemos conhecer realmente senão as diversas ligações mútuas próprias à sua realização, sem nunca penetrar o mistério da sua produção.

2.º Natureza relativa do espírito positivo

Nossas especulações positivas devem não só confinar-se essencialmente, sob todos os aspectos, à apreciação sistemática dos fatos existentes, renunciando a descobrir sua primeira origem e o seu destino final, mas importa também ainda compreender que este estudo dos fenômenos não deve tornar-se de qualquer modo absoluto, mas permanecer sempre relativo à nossa organização e à nossa situação. Reconhecendo sob este duplo aspecto, como são imperfeitos os nossos meios especulativos, vemos que, longe de podermos estudar completamente qualquer existência efetiva, não poderemos sequer garantir a possibilidade de conhecer, mesmo de modo muito superficial, todas as existências reais, das quais a maior parte talvez nos deva escapar totalmente. Se a perda de um sentido importante basta para nos ocultar uma ordem inteira de fenômenos naturais, é perfeitamente razoável pensar-se, reciprocamente, que a aquisição de um novo sentido nos descobriria uma classe de fatos dos quais não temos agora nenhuma ideia, a não ser que acreditemos que a acuidade dos sentidos, tão diferente entre os principais tipos de animalidade, se acha elevada em nosso organismo no mais alto grau que possa exigir a exploração total do mundo exterior, hipótese evidentemente gratuita e quase ridícula. Nenhuma ciência pode manifestar melhor do que a Astronomia a natureza necessariamente relativa de todos os nossos conhecimentos reais, pois não podendo realizar-se nela a investigação dos fenômenos senão através de um único sentido, muito fácil é serem aí apreciadas as conseqüências especulativas de sua supressão ou de sua simples alteração. Nenhuma astronomia poderia existir numa espécie cega, por mais inteligente que a supuséssemos, nem mesmo se somente a atmosfera através da qual observamos os corpos celestes permanecesse sempre e por toda a parte nebulosa. Todo este Tratado há de oferecer-nos frequentes ocasiões de apreciarmos espontaneamente, da maneira menos equívoca, esta íntima dependência em que o conjunto de nossas condições próprias, tanto interiores, quanto externas, mantém inevitavelmente cada um dos nossos estudos positivos.

Para bem caracterizar a natureza necessariamente relativa de todos os nossos conhecimentos reais, importa reconhecer, além disso, do ponto de vista mais filosófico, que, se quaisquer de nossas concepções devem ser consideradas como outros tantos fenômenos humanos, tais fenômenos não são simplesmente individuais, mas também e sobretudo, sociais, pois resultam, com efeito, de uma evolução coletiva e contínua, cujos elementos e fases essencialmente se entrelaçam. Se, pois, sob o primeiro aspecto, reconhecemos que nossas especulações devem depender sempre das diversas condições essenciais de nossa existência individual, cumpre igualmente admitir, sob o segundo, que não se acham menos subordinadas ao conjunto da progressão social de modo a não poderem comportar jamais a fixidez absoluta que os metafísicos supuseram. Ora, a lei geral do movimento fundamental da Humanidade consiste, a este respeito, em que nossas teorias tendem cada vez mais a representar exatamente os objetos exteriores de nossas constantes investigações, sem que, contudo, a verdadeira constituição de cada um deles possa, em caso algum, ser plenamente apreciada, pois a perfeição científica deve restringir-se a aproximar-se desse limite ideal, tanto quanto o exijam nossas diversas necessidades reais. Este segundo gênero de dependência, peculiar às especulações positivas, manifesta-se tão claramente como o primeiro em todo o curso dos estudos astronômicos, quando consideramos, por exemplo, a série de noções cada vez mais satisfatórias, obtidas desde a origem da geometria celeste, sobre a figura da Terra, sobre a forma das órbitas planetárias, etc. Assim, posto que, de um lado, as doutrinas científicas sejam necessariamente de natureza bastante móvel de modo a evitar qualquer pretensão ao absoluto, suas variações graduais não apresentam, por outro lado, nenhum caráter arbitrário que possa motivar um ceticismo ainda mais perigoso. Cada mudança sucessiva conserva, aliás, espontaneamente, nas teorias correspondentes, uma aptidão indefinida para representar os fenômenos que lhes serviram de base, pelo menos enquanto não haja necessidade de nelas ultrapassar o grau primitivo de precisão real.

3.º Destino das leis positivas: previsão racional

Depois que se reconheceu unanimemente que a primeira condição fundamental de toda especulação científica consiste em subordinar constantemente a imaginação à observação, uma viciosa interpretação induziu amiúde a um exagerado abuso desse grande princípio lógico, para fazer a ciência real degenerar em uma espécie de acúmulo estéril de fatos incoerentes, sem oferecer essencialmente outro mérito senão o da exatidão parcial. Importa, pois, bem compreender que o genuíno espírito positivo se acha tão afastado, no fundo, do empirismo como do misticismo; é entre estas duas aberrações, igualmente funestas, que ele deve caminhar: a necessidade de semelhante reserva contínua, tão difícil como importante, bastaria, além disso, para verificar, de acordo com as nossas explicações iniciais, quanto a verdadeira positividade deve ser maduramente preparada, e não pode, de forma alguma, convir ao estado nascente da Humanidade. É nas leis dos fenômenos que consiste realmente a ciência, à qual os fatos propriamente ditos, por mais exatos e numerosos que sejam, só fornecem os materiais indispensáveis. Ora, considerando o destino constante dessas leis, podemos dizer, sem nenhum exagero, que a verdadeira ciência, muito longe de ser formada por simples observações, tende sempre a dispensar, tanto quanto possível, a exploração direta, substituindo-a pela previsão racional, que constitui, a todos os respeitos, o principal caráter do espírito positivo, como o conjunto dos estudos astronômicos nos mostrará claramente semelhante previsão, conseqüência necessária das constantes descobertas entre os fenômenos, jamais permitirá confundir a ciência real com a vã erudição que acumula maquinalmente fatos sem aspirar a deduzi-los uns dos outros. Este grande atributo de todas as nossas sãs especulações importa tanto à sua utilidade efetiva como à sua própria dignidade; porque a exploração direta dos fenômenos ocorridos não seria suficiente para permitir-nos modificar-lhes a realização, se não nos conduzisse a convenientemente prevê-la. Assim, o genuíno espírito positivo consiste em ver para prever, em estudar o que é, a fim de concluir o que será, segundo o dogma geral da invariabilidade das leis naturais.[3]

---

[3] Sobre esta apreciação geral do espírito e da marcha peculiares ao método positivo, pode-se estudar, com muito fruto, a preciosa obra intitulada: *A system of logic, rationative and inductive*, publicada em Londres (John Parker, West Strand, 1843), pelo meu eminente amigo John Stuart Mill, que se associou assim plenamente, doravante, à fundação direta da nova filosofia. Os sete últimos capítulos do tomo primeiro contêm uma admirável exposição dogmática, tão profunda quão luminosa, da lógica indutiva, que não poderá nunca, ouso assegurá-lo, ser mais bem concebida, nem mais bem caracterizada, desde que nos coloquemos no mesmo ponto de vista em que o autor se colocou.

4.º Extensão universal do dogma fundamental da invariabilidade das leis naturais

Este princípio fundamental de toda a filosofia positiva, que ainda está longe de ser suficientemente estendido ao conjunto dos fenômenos, vai-se tornando, felizmente, há três séculos, por tal forma familiar, que, em virtude de hábitos absolutos anteriormente enraizados, se tem quase sempre desconhecido até aqui a sua verdadeira origem, tentando-se pelo emprego de uma vã e confusa argumentação metafísica representá-lo como uma espécie de noção inata, ou pelo menos primitiva, quando certamente resultou de gradual e lenta indução, ao mesmo tempo coletiva e individual. Nenhum motivo racional, independente de qualquer exploração exterior, nos sugere de antemão a invariabilidade das relações físicas; pelo contrário, é incontestável que o espírito humano experimenta, durante sua longa infância, um pendor muito vivo para desconhecê-la, mesmo nos seres onde uma observação imparcial haveria de manifestá-la, se ele não fosse então arrastado por sua tendência necessária a referir todos os acontecimentos, especialmente os mais importantes, a vontades arbitrárias. Existem, sem dúvida, em cada ordem de fenômenos, alguns bastante simples e bastante familiares para que a sua observação espontânea tenha sugerido sempre o sentimento confuso e incoerente de uma certa regularidade secundária de sorte que o ponto de vista teológico não pôde nunca ser rigorosamente universal. Mas esta convicção parcial e precária limita-se por muito tempo aos fenômenos menos numerosos e mais subalternos, que ela não pode mesmo, de nenhum modo, preservar então das freqüentes perturbações atribuídas à interferência preponderante dos agentes sobrenaturais. O princípio da invariabilidade das leis naturais só começou realmente a adquirir certa consistência filosófica quando os primeiros trabalhos verdadeiramente científicos puderam manifestar a sua exatidão essencial relativamente a uma ordem inteira de grandes fenômenos, o que não podia resultar, de maneira satisfatória, senão da fundação da astronomia matemática, durante os últimos séculos do politeísmo. Em virtude desta introdução sistemática, este dogma fundamental tendeu, sem dúvida, a estender-se, por analogia, a fenômenos mais complicados, antes mesmo de poderem suas leis próprias ser de qualquer modo conhecidas. Mas, além da sua esterilidade efetiva, esta vaga antecipação lógica tinha então muito pouca energia para resistir convenientemente à ativa supremacia mental que as ilusões teológico-metafísicas ainda conservavam. Um primeiro esboço especial do estabelecimento das leis naturais em relação a cada ordem principal de fenômenos tornou-se em seguida indispensável para proporcionar a semelhante noção à força inabalável que começa a apresentar nas ciências mais avançadas. Esta convicção não poderia tornar-se mesmo tão firme, enquanto tal elaboração não fosse de fato estendida a todas as especulações fundamentais, pois a incerteza deixada pelas mais complexas devia afetar, então, mais ou menos, cada uma das outras. Não se pode desconhecer esta tenebrosa reação, mesmo hoje, quando, em virtude da ignorância ainda habitual relativa às leis sociológicas, o princípio da invariabilidade das relações físicas se acha algumas vezes sujeito a graves aliterações até nos estudos puramente matemáticos, nos quais vemos, por exemplo, preconizar-se diariamente um pretenso cálculo das probabilidades, que supõe implicitamente a ausência de toda lei real a respeito de certos acontecimentos, sobretudo quando o homem neles intervém. Mas, quando essa universal extensão se acha convenientemente esboçada, condição agora preenchida pelos espíritos mais avançados, este grande princípio filosófico adquire logo uma plenitude decisiva, ainda que as leis efetivas da maior parte dos casos particulares devam ser sempre ignoradas; porque uma irresistível analogia aplica então previamente a todos os fenômenos de cada ordem o que não foi verificado senão para alguns dentre eles, contanto que tenham uma importância conveniente.

CAPÍTULO 2
Destino do Espírito Positivo

Depois de ter considerado o espírito positivo relativamente aos objetos exteriores de nossas especulações, cumpre acabar de caracterizá-lo, apreciando também seu destino interior, para a satisfação contínua de nossas próprias necessidades, quer sejam concernentes à vida contemplativa, quer à vida ativa.

I. Constituição completa e estável da harmonia mental, individual e coletiva: referente à Humanidade

Ainda que as necessidades puramente mentais sejam, sem dúvida, as menos enérgicas de todas as inerentes à nossa natureza, sua existência direta e permanente é contudo incontestável em todas as inteligências: elas constituem o primeiro estímulo indispensável aos nossos diversos esforços filosóficos, muitas vezes atribuídos especialmente aos impulsos práticos, que, na verdade, os desenvolvem muito, mas não os poderiam fazer surgir. Estas exigências intelectuais, relativas, como todas as outras, ao exercício regular das funções correspondentes, reclamam sempre uma feliz combinação de estabilidade e de atividade, de onde resultam as necessidades simultâneas de ordem e de progresso, ou de ligação e extensão. Durante a longa infância da Humanidade, só as concepções teológico-metafísicas podiam, conforme nossas explicações anteriores, satisfazer provisoriamente a esta dupla condição fundamental, ainda que de modo extremamente imperfeito. Mas quando a razão humana se acha bastante amadurecida para renunciar francamente às especulações inacessíveis e circunscrever com sabedoria sua atividade ao domínio verdadeiramente apreciável por nossas faculdades, a filosofia positiva proporciona-lhe, por certo, uma satisfação muito mais completa, a todos, e também mais real, destas duas necessidades elementares. Tal é evidentemente, com efeito, sob este novo aspecto, o destino direto das leis que ela descobre sobre os diversos fenômenos e da previsão racional delas inseparável. Em relação a cada ordem de fenômenos, tais leis devem, a este respeito, ser distinguidas em duas modalidades, conforme ligam por semelhança os que coexistem, ou por filiação os que se sucedem. Esta indispensável distinção corresponde essencialmente, para o mundo exterior, a que ele sempre nos oferece espontaneamente entre os dois estados correlatos de existência e de movimento; onde resulta, em toda ciência real, uma diferença fundamental entre a apreciação estática e a apreciação dinâmica de qualquer assunto. Os dois gêneros de relações contribuem igualmente para explicar os fenômenos, e conduzem de modo semelhante a prevê-los, ainda que às leis de harmonia pareçam, a princípio, destinadas sobretudo à explicação e as leis de sucessão à previsão. Quer se trate, com efeito, de explicar ou de prever, tudo se reduz sempre a ligar: toda ligação real, estática ou dinâmica, descoberta entre dois fenômenos quaisquer, permite ao mesmo tempo explicá-las e prever um pelo outro, porque a previsão científica, convém evidentemente ao presente, e mesmo ao passado, assim como ao futuro, pois consiste sempre em conhecer um fato independentemente de sua exploração direta, em virtude de suas relações com outros já conhecidos. Assim, por exemplo, a assimilação demonstrada entre a gravitação celeste e a gravidade terrestre conduziu, em virtude das variações pronunciadas da primeira, a prever as fracas variações da segunda, que a observação imediata não podia descobrir suficientemente, ainda que as tenha em seguida confirmado; assim também em sentido inverso, a correspondência observada antigamente entre o período elementar das marés e o dia lunar ficou explicada logo que se reconheceu ser em cada ponto a elevação das águas resultante da passagem da lua pelo meridiano local. As nossas verdadeiras necessidades lógicas convergem, pois, essencialmente para este comum destino: consolidar, tanto quanto possível, por nossas especulações sistemáticas, a unidade espontânea do nosso entendimento, estabelecendo a continuidade e a homogeneidade de nossas diversas concepções e fazendo-nos achar de novo a constância no meio da variedade, de modo a satisfazer igualmente às exigências simultâneas da ordem e do progresso. Ora, é evidente que, sob este aspecto fundamental, a filosofia positiva possui necessariamente, para os espíritos bem preparados, uma aptidão muito superior à que jamais pôde oferecer a filosofia teológico-metafísica. Considerando esta mesmo nos tempos do seu maior ascendente, tanto mental como social, isto é, no estado politeico, a unidade intelectual achava-se então certamente constituída de maneira muito menos completa e menos estável do que há de permitir em breve a universal preponderância do espírito positivo, quando for habitualmente estendido às mais eminentes especulações. Então, com efeito, reinará por toda a parte, sob diversos modos e em diferentes graus, esta admirável constituição lógica, da qual só os estudos mais simples nos podem dar hoje justa ideia, em que a ligação e a extensão, ambas plenamente garantidas, se acham, ademais, espontaneamente solidárias.

Este grande resultado filosófico não exige, aliás, outra condição necessária a não ser a obrigação permanente de restringir todas as nossas especulações aos casos verdadeiramente acessíveis, considerando estas relações reais, quer de semelhança, quer de sucessão, como capazes apenas de constituir, para nós, simples fatos gerais, que cumpre procurar reduzir ao menor número possível, sem que o mistério de sua produção jamais possa ser penetrado de modo algum, conforme o caráter fundamental do espírito positivo. Mas se somente esta constância efetiva das ligações naturais é, na realidade, apreciável por nós, também só ela basta plenamente às nossas verdadeiras necessidades, quer de contemplação, quer de direção.

Importa, contudo, reconhecer, em principio, que, sob o regime positivo, a harmonia de nossas concepções se acha necessariamente limitada, até certo ponto, pela obrigação fundamental de sua realidade, isto é, de uma suficiente conformidade com tipos independentes de nós. Em seu cego instinto de ligação, nossa inteligência aspira a poder quase sempre ligar entre si dois fenômenos quaisquer, simultâneos ou sucessivos; mas o estudo do mundo exterior demonstra, ao contrário, que muitas dessas associações seriam puramente quiméricas, e que uma multidão de acontecimentos se realiza continuamente sem nenhuma real dependência mútua; de sorte que este pendor indispensável precisa, como nenhum outro, ser regulado por sã apreciação geral. Habituado, durante muito tempo, a uma espécie de unidade de doutrina, por mais vaga e ilusória que devesse ser, sob o império das ficções teológicas e das entidades metafísicas, o espírito humano, passando para o estado positivo, tentou logo reduzir as diversas ordens de fenômenos a uma lei comum. Mas todos os ensaios realizados durante os dois últimos séculos, para obter uma explicação universal da natureza, apenas conseguiram desacreditar radicalmente tal empreendimento, em seguida abandonado às inteligências mal cultivadas. Uma judiciosa explicação do mundo exterior o representou como sendo muito menos ligado do que o supõe e o deseja o nosso entendimento, predisposto, por sua própria fraqueza, a multiplicar relações favoráveis e à sua marcha, e, sobretudo, ao seu repouso. Não somente as seis categorias fundamentais que distinguiremos mais adiante entre os fenômenos naturais, não poderiam ser todas certamente submetidas a uma única lei universal, como também podemos assegurar agora que a unidade de explicação, ainda procurada por tantos espíritos sérios em relação a cada uma delas, tomada à parte, nos é finalmente interdita, mesmo neste domínio muito mais restrito. A Astronomia fez nascer, sob este aspecto, esperanças demasiado empíricas, que nunca se poderiam realizar para os fenômenos mais complicados, nem mesmo quanto à Física propriamente dita, cujos cinco ramos principais ficarão sempre distintos entre si, apesar de suas incontestáveis relações. Frequentemente nos achamos dispostos a exagerar muitos inconvenientes lógicos dessa dispersão necessária, porque apreciamos mal as vantagens reais que apresentam a transformação das induções em deduções. Todavia cumpre reconhecer francamente esta impossibilidade direta de reduzir tudo a uma única lei positiva como grave imperfeição, consequência inevitável da condição humana, que nos força a aplicar uma inteligência muito fraca a um universo complicadíssimo.

Mas esta incontestável necessidade, que importa reconhecer, a fim de evitar vão desperdício de forças mentais, não impede de modo algum a ciência real de comportar, sob outro aspecto, suficiente unidade filosófica, equivalente às que a Teologia ou a Metafísica constituíram passageiramente, e, aliás, muito superior, tanto em estabilidade como em plenitude. Para perceber-lhe a possibilidade e apreciar-lhe a natureza, é preciso recorrer, em primeiro lugar, à luminosa distinção geral esboçada por Kant entre os dois pontos de vista objetivo e subjetivo, peculiares a qualquer estudo. Considerada sob o primeiro aspecto, isto é, quanto ao destino exterior das nossas teorias, como exata representação do mundo real, nossa ciência não é, certamente, suscetível de plena sistematização, em virtude da inevitável diversidade entre os fenômenos fundamentais. Neste sentido não devemos procurar outra unidade senão a do método positivo encarado em seu conjunto, sem pretender verdadeira unidade científica, mas somente a homogeneidade e a convergência das diversas doutrinas. O mesmo não acontece sob o outro aspecto, isto é, quanto à origem interior das teorias humanas, encaradas como resultados naturais de nossa evolução mental, ao mesmo tempo individual e coletiva, destinadas à satisfação normal de nossas próprias necessidades, sejam físicas, intelectuais ou morais. Referidos assim, não ao universo, mas ao homem, ou antes à Humanidade, nossos conhecimentos reais tendem, ao contrário, com evidente espontaneidade, para uma completa sistematização, tanto científica como lógica. Não devemos mais então conceber, no fundo, senão uma única ciência, a ciência humana, ou mais exatamente, social, da qual nossa existência constitui ao mesmo tempo o princípio e o fim, e na qual vem naturalmente fundir-se o estudo racional do mundo exterior, sob o duplo título de elemento necessário e de preâmbulo fundamental, igualmente indispensável quanto ao método e quanto à doutrina, como explicarei mais adiante. É só assim que os nossos conhecimentos positivos podem formar um verdadeiro sistema, de modo a oferecerem um caráter plenamente satisfatório. A própria Astronomia, ainda que objetivamente mais perfeita do que os outros ramos da filosofia natural, em razão da sua simplicidade superior, não é verdadeiramente tal senão sob este aspecto humano, porque o conjunto deste Tratado fará sentir com clareza que ela deveria, pelo contrário, ser julgada muito imperfeita se a referíssemos ao universo e não ao homem; pois todos os nossos estudos reais são aí por força limitados ao nosso mundo, que, entretanto, constitui apenas um elemento mínimo do universo, cuja exploração nos é essencialmente interdita. Tal é, pois, a disposição geral que deve, enfim, prevalecer na genuína filosofia positiva, não só quanto às teorias diretamente relativas ao homem e à sociedade, mas também em relação às que concernem aos mais simples fenômenos, os mais afastados, em aparência desta comum apreciação: conceber todas as nossas especulações como produtos de nossa inteligência, destinados a satisfazer às nossas diversas necessidades essenciais, sem se afastarem nunca do homem senão para melhor voltarem a ele, depois de ter feito o estudo dos outros fenômenos na medida em que o seu conhecimento se torna indispensável, quer para desenvolver nossas forças, quer para apreciar nossa natureza e nossa condição. Pode-se desde então perceber como a noção preponderante da Humanidade deve necessariamente constituir, no estado positivo, uma plena sistematização mental, pelo menos equivalente à que afinal comportará a idade teológica com a grande concepção de Deus, tão fracamente substituída em seguida, a este respeito, durante a transição metafísica, pelo vago pensamento da Natureza.

Depois de ter caracterizado a aptidão espontânea do espírito positivo para estabelecer a unidade final do nosso entendimento, torna-se fácil completar esta explicação fundamental, estendendo-a do indivíduo à espécie. Esta indispensável extensão era, até agora, essencialmente impossível aos filósofos modernos, que, não tendo podido libertar-se suficientemente do estado metafísico, nunca se colocaram no ponto de vista social, único suscetível contudo de uma plena realidade, tanto científica como lógica, pois o homem não se desenvolve isoladamente, mas coletivamente. Afastando, como radicalmente estéril, ou antes muitíssimo prejudicial, esta viciosa abstração de nossos psicólogos ou ideólogos, a tendência sistemática que acabamos de apreciar no espírito positivo adquire enfim toda a sua importância, porque mostra nele o verdadeiro fundamento filosófico da sociabilidade humana, tanto pelo menos quanto esta depende da inteligência, cuja capital influencia, ainda que de nenhum modo exclusiva, não poderia ser ai constatada. É, de fato, o mesmo problema humano, com diversos graus de dificuldade, quer se trate de constituir a unidade lógica de cada entendimento isolado ou de estabelecer uma convergência duradoura entre entendimentos distintos, cujo número não poderia essencialmente influir senão sobre a rapidez da operação. Também, em qualquer tempo, aquele que pôde tornar-se bastante consequente adquiriu, por isso mesmo, a faculdade de reunir gradualmente os outros, em virtude da semelhança fundamental de nossa espécie. A filosofia teológica não foi, durante a infância da Humanidade, a única adequada para sistematizar a sociedade senão por ser então a fonte exclusiva de certa harmonia mental. Se, pois, ao espírito positivo passou irrevogavelmente, doravante, o privilégio da coerência lógica, o que não pode, a sério, ser contestado, cumpre desde então nele reconhecer também o único princípio efetivo desta grande comunhão intelectual que se torna a base necessária de toda verdadeira associação humana, quando convenientemente ligada às duas outras condições fundamentais uma suficiente conformidade de sentimentos e uma certa convergência de interesses. A deplorável situação filosófica da elite da Humanidade bastaria hoje para dispensar, a este respeito, qualquer discussão, pois nele não se observa mais verdadeira comunidade de opiniões senão sobre assuntos já reduzidos a teorias positivas, os quais, infelizmente, não são, antes muito pelo contrário, os mais importantes. Uma apreciação direta e especial, que seria deslocada aqui, faz, aliás, perceber facilmente que só a filosofia positiva pode realizar a pouco e pouco este nobre projeto de associação universal, que o catolicismo esboçou prematuramente na Idade Média, mas que era, no fundo, necessariamente incompatível, como a experiência plenamente o demonstra, com a natureza teológica da sua filosofia, a qual instituía uma coerência lógica muito fraca de modo a comportar semelhante eficácia social.

II. Harmonia entre a ciência e a arte, entre a teoria positiva e a prática

Achando-se suficiente e definitivamente caracterizada a aptidão fundamental do espírito positivo em relação à vida especulativa, só nos resta apreciá-la também em relação à vida ativa, que, sem poder mostrar nele nenhuma propriedade verdadeiramente nova, manifesta, de maneira muito mais completa e sobretudo mais decisiva, o conjunto dos atributos que lhe temos reconhecido. Ainda que as concepções teológicas tenham sido, mesmo sob este aspecto, por muito tempo necessárias a fim de despertar e sustentar o ardor do homem pela esperança indireta de uma espécie de império ilimitado, foi, entretanto, a este respeito que o espírito humano testemunhou primeiro sua predileção final pelos conhecimentos reais. E, com efeito, sobretudo como base racional da ação da Humanidade sobre o mundo exterior que o estudo positivo da natureza começa hoje a ser universalmente estimado. Nada é mais criterioso, no fundo, do que este julgamento vulgar e espontâneo; porque tal destino, quando convenientemente apreciado, lembra necessariamente, num resumo muito feliz, todos os grandes caracteres do verdadeiro espírito filosófico, não só quanto à racionalidade, mas também quanto à positividade. A ordem natural que resulta, em cada prática, do conjunto das leis dos fenômenos correspondentes, deve evidentemente ser-nos primeiro bem conhecida para que possamos ou modificá-la para nossa vantagem, ou, pelo menos, adaptar-lhe nossa conduta, se for de todo impossível intervirmos nela, como se dá em relação aos acontecimentos celestes. Tal aplicação é especialmente própria para tornar familiarmente apreciável a previsão racional que vimos constituir, sob todos os aspectos, o principal caráter da verdadeira ciência, porque a pura erudição, onde os conhecimentos, reais mas incoerentes, consistem em fatos e não em leis, não podia evidentemente, chegar para dirigir nossa atividade: seria supérfluo insistir aqui sobre uma explicação tão pouco contestável. É verdade que a exorbitante preponderância concedida agora aos interesses materiais conduziu demasiadas vezes o homem a compreender esta ligação necessária de modo a comprometer gravemente o futuro da ciência, pois tendeu a reduzir as especulações positivas somente às pesquisas de utilidade imediata. Mas esta cega disposição resulta apenas da maneira falsa e estreita de conceber a grande relação entre a ciência e a arte, por não terem, uma e outra, sido apreciadas com bastante profundeza. O estudo da Astronomia é o mais próprio de todos para corrigir semelhante tendência, seja porque sua simplicidade superior permite perceber melhor seu conjunto, seja em virtude da espontaneidade mais íntima das aplicações correspondentes que, há vinte séculos, se acham aí evidentemente ligadas às mais sublimes especulações, como este Tratado o fará claramente compreender. Mas importa sobretudo reconhecer bem, a este respeito, que a relação fundamental entre a ciência e a arte não pôde até agora ser convenientemente concebida, mesmo pelos melhores espíritos, o que é uma consequência necessária da extensão insuficiente da filosofia natural, que permanece ainda estranha às pesquisas mais importantes e mais difíceis, as que concernem diretamente à sociedade humana. Com efeito, a concepção racional da ação do homem sobre a natureza ficou assim essencialmente limitada ao mundo inorgânico, de onde resultaria uma excitação científica demasiado imperfeita. Quando esta imensa lacuna tiver sido suficientemente preenchida, como começa a ser hoje, poderá sentir a importância fundamental deste grande destino prático para estimular habitualmente, e muitas vezes mesmo para dirigir melhor as mais eminentes especulações, sob a única condição normal de uma constante positividade. E, de fato, a arte não será mais então unicamente geométrica, mecânica ou química, etc., mas também, e sobretudo, política e moral, devendo a principal ação exercida pela Humanidade consistir, sob todos os aspectos, no melhoramento contínuo da sua própria natureza, individual ou coletiva, entre os limites que o conjunto das leis reais indica, como em qualquer outro caso. Quando esta solidariedade espontânea da ciência com a arte puder ser assim convenientemente organizada, não se pode duvidar que, muito longe de inclinar-se a restringir de qualquer modo as sãs especulações filosóficas, ela lhes designará, ao contrário, um destino final muito superior ao seu alcance efetivo, caso não tivesse reconhecido previamente, como princípio geral, a impossibilidade de jamais tornar a arte puramente racional, isto é, de elevar nossas previsões teóricas ao verdadeiro nível de nossas necessidades práticas. Mesmo nas artes mais simples e mais perfeitas, torna-se constantemente indispensável um desenvolvimento direto e espontâneo, sem que as indicações científicas o possam, em caso algum, substituir completamente. Por mais satisfatórias, por exemplo, que se tenham tornado nossas previsões astronômicas, sua previsão é ainda, e será provavelmente sempre, inferior às nossas justas exigências práticas, como terei amiúde ocasião de indicar.

Esta tendência espontânea para constituir diretamente uma inteira harmonia entre a vida ativa e a especulativa deve ser considerada finalmente como o privilégio mais feliz do espírito positivo, pois nenhuma outra das suas propriedades pode manifestar-lhe tão bem o verdadeiro caráter e facilitar-lhe o ascendente real. Nosso ardor especulativo acha-se assim sustentado, e mesmo dirigido, por poderoso estímulo contínuo, sem o qual a inércia natural de nossa inteligência a disporia muitas vezes a satisfazer suas fracas necessidades teóricas por explicações fáceis, mas insuficientes, ao passo que o pensamento da ação final lembra sempre a condição de conveniente previsão. Ao mesmo tempo este grande destino prático completa e circunscreve, em cada caso, o preceito fundamental relativo ao descobrimento das leis naturais, tendendo a determinar, de acordo com as exigências da aplicação, o grau de precisão e de extensão de nossa previdência racional, cuja exata medida não poderia, em geral, ser fixada de outro modo. Se, por um lado, a perfeição científica não pode ultrapassar esse limite, abaixo do qual, ao contrário, há de realmente ficar sempre, por outro lado, se o transpusesse, cairia logo numa apreciação demasiado minuciosa, não menos quimérica do que estéril, que finalmente comprometeria mesmo todos os fundamentos da verdadeira ciência, pois nossas leis não podem nunca representar os fenômenos senão com uma certa aproximação, além da qual seria tão perigoso como inútil levar nossas pesquisas. Quando esta relação fundamental da ciência com a arte for convenientemente sistematizada, ela tenderá algumas vezes, sem dúvida, a desacreditar tentativas teóricas cuja esterilidade radical seria incontestável; mas, longe de oferecer qualquer inconveniente real, essa inevitável disposição se tomará desde então muito favorável aos nossos verdadeiros interesses especulativos, impedindo o vão desperdício de nossas fracas forças mentais que resulta, muito frequentemente hoje, de cega especialização. Em sua evolução preliminar, o espírito positivo teve de apegar-se por toda a parte a quaisquer questões que se lhe tornavam acessíveis, sem indagar muito de sua importância final, que resultava de sua relação própria com um conjunto que, a princípio, não podia ser percebido. Mas este instinto provisório sem o qual teria faltado muitas vezes o alimento conveniente à ciência, deve acabar por subordinar-se habitualmente a uma justa apreciação sistemática, logo que a plena madureza do estado positivo tiver permitido perceber as verdadeiras relações de cada parte com o todo, de modo a oferecer constantemente um largo destino às mais eminentes pesquisas, evitando, entretanto, toda especulação pueril.

A propósito desta íntima harmonia entre a ciência e a arte, importa enfim notar especialmente a feliz tendência que dela resulta para desenvolver e consolidar o ascendente social da sã filosofia, como consequência espontânea da preponderância crescente que a vida industrial obtém evidentemente na civilização moderna. A filosofia teológica só podia realmente convir a essa fase necessária de sociabilidade preliminar, em que a atividade humana deve ser essencialmente militar, a fim de preparar gradualmente uma associação normal e completa, a princípio impossível, conforme a teoria histórica que alhures estabeleci. O politeísmo adaptava-se especialmente ao sistema de conquista da antiguidade e o monoteísmo à organização defensiva da Idade Média. Fazendo prevalecer cada vez mais a vida industrial, a sociabilidade moderna deve, pois, secundar poderosamente a grande evolução mental que eleva hoje definitivamente nossa inteligência do regime teológico ao positivo. Esta tendência diária e ativa ao melhoramento prático da condição humana é necessariamente pouco compatível com as preocupações religiosas, sempre relativas, sobretudo no monoteísmo, a um destino muito diferente; mas, além disso, semelhante atividade é de natureza a suscitar finalmente uma oposição universal, tão profunda como espontânea, a toda filosofia teológica. Por um lado, com efeito, a vida industrial é, no fundo, diretamente contrária a todo otimismo providencial, pois supõe necessariamente que a ordem natural é tão imperfeita, que exige sempre a contínua intervenção humana, ao passo que a Teologia não admite logicamente outro meio de modificá-la a não ser apelando para o apoio sobrenatural. Em segundo lugar, esta oposição, inerente ao conjunto de nossas concepções industriais, se reproduz, continuamente, sob formas muito variadas, na realização especial de nossas operações, nas quais devemos encarar o mundo exterior, não como dirigido por quaisquer vontades, mas como submetido a leis, suscetíveis de nos permitir uma suficiente previsão, sem a qual nossa atividade prática não comportaria nenhuma base racional. Assim, a mesma correlação básica, que torna a vida industrial tão favorável ao ascendente filosófico do espírito positivo, lhe imprime, sob outro aspecto, uma tendência antiteológica, mais ou menos pronunciada, mas cedo ou tarde inevitável, quaisquer que tenham sido os esforços contínuos da sabedoria do sacerdócio para conter ou temperar o caráter anti-industrial da primitiva filosofia, com a qual a vida guerreira era a única suficientemente conciliável. Tal é a íntima solidariedade que faz todos os espíritos modernos, mesmo os mais grosseiros e os mais rebeldes, participarem involuntariamente, desde muito tempo, da substituição gradativa da antiga filosofia teológica por uma filosofia plenamente positiva, única suscetível, doravante, de verdadeiro ascendente social.

III. Incompatibilidade final da ciência com a Teologia

Somos assim conduzidos a completar enfim a apreciação direta do genuíno espírito filosófico por uma última explicação que, embora sendo sobretudo negativa, se torna, na realidade, indispensável hoje para acabar de caracterizar suficientemente a natureza e as condições da grande renovação mental agora necessária à elite da Humanidade, manifestando diretamente a incompatibilidade final das concepções positivas com quaisquer opiniões teológicas, tanto monoteicas como politeicas ou fetichistas. As diversas considerações indicadas neste Discurso já demonstraram implicitamente a impossibilidade de qualquer conciliação duradoura entre as duas filosofias, seja quanto ao método ou quanto à doutrina; de modo que toda incerteza a este respeito pode ser, aqui, facilmente dissipada. Sem dúvida a ciência e a Teologia não se acham a princípio em oposição aberta, pois não se propõem as mesmas questões; e foi isto que permitiu durante muito tempo o desenvolvimento parcial do espírito positivo, apesar do ascendente geral do espírito teológico, e, mesmo, a muitos respeitos, sob a sua tutela preliminar. Mas quando a positividade racional, limitada a princípio, às humildes pesquisas matemáticas, que a Teologia tinha desdenhado especialmente empreender, começou a estender-se ao estudo direto da natureza, sobretudo pelas teorias astronômicas a colisão tornou-se inevitável, ainda que latente, em virtude do contraste fundamental, ao mesmo tempo científico e lógico, desde então progressivamente desenvolvido entre as duas ordens de ideias. Os motivos lógicos em virtude dos quais a ciência se interdiz de modo radical os misteriosos problemas de que se ocupa essencialmente a Teologia, são de natureza a desacreditar cedo ou tarde, entre os bons espíritos, especulações que não se evitam senão por serem necessariamente inacessíveis à razão humana. Além disso, a prudente reserva com que o espírito positivo procede, estudando pouco a pouco assuntos muito fáceis, deve fazer apreciar indiretamente a louca temeridade do espírito teológico a respeito das mais difíceis questões. Todavia é especialmente pelas doutrinas que a incompatibilidade das duas filosofias deve manifestar-se na maior parte das inteligências, muito pouco interessadas, de ordinário, nas simples dissidências de método, ainda que estas sejam, no fundo, as mais graves, por serem a fonte necessária de todas as outras. Ora, sob este novo aspecto, não se pode deixar de reconhecer a oposição radical das duas ordens de concepções, onde os mesmos fenômenos são ora atribuídos a vontades diretoras, ora reduzidos a leis invariáveis. A imobilidade irregular, naturalmente própria a toda ideia de vontade, não pode de modo algum concordar com a constância das relações reais. Também à medida que as leis físicas foram conhecidas, o império das vontades sobrenaturais achou-se cada vez mais restringido, sendo sempre consagrado sobretudo aos fenômenos cujas leis permaneciam ignoradas. Tal incompatibilidade torna-se diretamente evidente, quando se opõe a previsão racional, que constitui o principal caráter da verdadeira ciência, à adivinhação por meio da revelação especial, que a Teologia deve representar como o único meio legítimo de conhecer o futuro. É verdade que o espírito positivo, chegado à sua completa madureza, tende também a subordinar a própria vontade a verdadeiras leis, cuja existência é, com efeito, tacitamente suposta pela razão vulgar, pois os esforços práticos para modificar e prever as vontades humanas não poderiam ter sem isto nenhum fundamento razoável. Mas semelhante noção não conduz de modo algum a conciliar as duas maneiras opostas segundo as quais a ciência e a Teologia concebem necessariamente a direção efetiva dos diversos fenômenos. Tal previsão e a conduta que dela resulta exigem, de fato, evidentemente um profundo conhecimento real do ser no seio do qual as vontades se produzem. Ora, este fundamento preliminar só poderia provir de um ser pelo menos igual, julgando assim por semelhança; não o podemos conceber da parte de um inferior, e a contradição aumenta com a desigualdade de natureza. Também a Teologia sempre repeliu a pretensão de penetrar de qualquer modo os desígnios da Providência, assim como seria absurdo supor aos animais inferiores a faculdade de prever as vontades do homem ou dos outros animais superiores. É, contudo, a esta louca hipótese que seríamos necessariamente conduzidos para afinal conciliar o espírito teológico com o positivo.

Historicamente considerada, a oposição radical destes dois espíritos, existente em todas as fases essenciais da filosofia inicial, é em geral há muito admitida relativamente àquelas fases que as populações mais avançadas transpuseram completamente.

É mesmo certo que, a respeito delas, se exagera muito tal incompatibilidade em consequência do desdém absoluto que nossos hábitos monoteicos inspiram de modo cego para com os dois estados anteriores do regime teológico. A sã filosofia, sempre obrigada a apreciar a maneira necessária segundo a qual cada uma das grandes fases sucessivas da Humanidade efetivamente concorreu para a nossa evolução fundamental, há de retificar cuidadosamente estes injustos preconceitos, que dificultam toda verdadeira teoria histórica. Mas, embora o politeísmo e mesmo o fetichismo, tenham, a princípio, secundado realmente o surto espontâneo do espírito de observação, deve-se, entretanto, reconhecer que não podiam ser verdadeiramente compatíveis com o sentimento gradual da invariabilidade das relações físicas, logo que tal sentimento pôde adquirir certa consistência sistemática. Devemos assim conceber essa inevitável oposição como a principal fonte secreta das diversas transformações que sucessivamente decompuseram a filosofia teológica, reduzindo-a cada vez mais. É aqui o lugar de completar, a este propósito, a indispensável explicação indicada no começo deste Discurso, onde essa dissolução gradual foi especialmente atribuída ao espírito metafísico propriamente dito, que, no fundo, não podia ser senão o simples órgão de tal dissolução e nunca o seu verdadeiro agente. Cumpre, com efeito, notar que o espírito positivo, em virtude da falta de generalidade que devia caracterizar-lhe a lenta evolução parcial, não podia formular convenientemente suas próprias tendências filosóficas, que apenas se tornaram sensíveis durante nossos últimos séculos. Daí resultou a necessidade especial da intervenção metafísica, única que podia sistematizar convenientemente a oposição espontânea da ciência nascente à antiga Teologia. Mas, ainda que tal ofício tenha feito exagerar muito a importância efetiva deste espírito transitório, é, contudo, fácil reconhecer que só o progresso natural dos conhecimentos reais dava séria consistência à sua ruidosa atividade. Esse progresso contínuo que, no fundo, tinha determinado, antes, a transformação do fetichismo em politeísmo, constituiu, em seguida, sobretudo a fonte essencial da redução do politeísmo ao monoteísmo. Como a colisão se operou principalmente pelas teorias astronômicas, este Tratado me fornecerá a oportunidade de caracterizar o grau preciso de seu desenvolvimento, ao qual cumpre atribuir, na realidade, a irrevogável decadência mental do regime politéico, que havemos de reconhecer então ser logicamente incompatível com a fundação decisiva da Astronomia Matemática pela escola de Tales.

O estudo racional de semelhante oposição demonstra claramente que ela não podia limitar-se à Teologia antiga e que teve de estender-se depois ao próprio monoteísmo, embora a sua energia devesse decrescer com a sua necessidade, à medida que o espírito teológico continuava a decair em virtude do progresso espontâneo da ciência. Sem dúvida esta fase extrema da filosofia inicial era muito menos contrária do que as precedentes ao surto dos conhecimentos reais, que nela não encontravam mais, a cada passo, a perigosa concorrência de uma explicação sobrenatural especialmente formulada. Assim foi especialmente sob este regime monoteico que se realizou a evolução preliminar do espírito positivo. Mas, por ser menos explícita e mais tardia; não era a incompatibilidade finalmente menos inevitável, mesmo antes da época em que a nova filosofia se tornaria bastante geral para tomar um caráter verdadeiramente orgânico e substituir, de modo irrevogável, a Teologia no seu ofício social, assim como no seu destino mental. Como o conflito se deve operar ainda sobretudo pela Astronomia, demonstrarei aqui, com precisão, qual foi a evolução mais avançada que estendeu necessariamente sua oposição radical, antes limitada ao politeísmo propriamente dito, até o mais simples monoteísmo: se reconhecerá então que essa inevitável influência resultou do descobrimento do duplo movimento da Terra, logo seguido da fundação da mecânica celeste. No estado presente da razão humana, podemos assegurar que o regime monoteico, por muito tempo favorável aos primeiros progressos dos conhecimentos reais, entrava profundamente a marcha sistemática que devem seguir doravante, impedindo que adquira enfim a crença fundamental na invariabilidade das leis físicas sua indispensável plenitude filosófica. O pensamento contínuo de súbita e arbitrária perturbação na economia natural deve, na realidade, ficar sempre inseparável, pelo menos virtualmente, de toda Teologia qualquer, mesmo atenuada tanto quanto possível. Sem tal obstáculo, que não pode de fato desaparecer senão pelo completo desuso do espírito teológico, o espetáculo diário da ordem real já teria determinado uma adesão universal ao espírito fundamental da filosofia positiva.

Vários séculos antes do desenvolvimento científico permitir apreciar diretamente esta oposição radical, a transição metafísica havia tentado, sob seu secreto impulso, restringir no próprio seio do monoteísmo, o ascendente da Teologia, fazendo abstratamente prevalecer, no último período da Idade Média, a célebre doutrina escolástica que sujeitou a ação efetiva do motor supremo a leis invariáveis, que ele teria a princípio instituído, interdizendo-se jamais mudá-las. Mas esta espécie de transação espontânea entre o princípio teológico e o princípio positivo só comportava evidentemente uma existência passageira, própria a facilitar mais o declínio contínuo de um e o triunfo gradual do outro. Seu império estava mesmo limitado, em essência, aos espíritos cultos; porque, enquanto a fé realmente subsistiu, o espírito popular teve de repelir sempre com energia uma concepção que, no fundo, tendia a anular o poder providencial, condenando-o a uma sublime inércia, que deixava toda a atividade habitual à grande entidade metafísica – a Natureza –, associada, assim, regularmente ao governo universal a título de ministro obrigado e responsável, ao qual se devia dirigir daí por diante a maior parte das queixas e dos votos. Vê-se que, sob todos os aspectos essenciais, esta concepção se parece muito com a que a situação moderna fez cada vez mais prevalecer relativamente à realeza constitucional; e esta analogia não é de modo algum fortuita, pois o tipo teológico de fato forneceu a base racional do tipo político. Esta doutrina contraditória, que arruína a eficácia social do princípio teológico, sem consagrar o ascendente fundamental do princípio positivo, não poderia corresponder a nenhum estado verdadeiramente normal e duradouro: constitui somente o mais poderoso dos meios de transição próprios à última tarefa necessária do espírito metafísico.

Enfim, a inevitável incompatibilidade da ciência com a Teologia teve de manifestar-se também sob outra forma geral, especialmente adaptada ao estado monoteico, fazendo cada vez mais sobressair a profunda imperfeição da ordem real, oposta assim ao imprescindível otimismo da providência. Este otimismo deve, sem dúvida, permanecer por muito tempo conciliável com o início espontâneo dos conhecimentos positivos, porque uma primeira análise da natureza tinha de inspirar então, por toda a parte, ingênua admiração pelo modo porque se realizavam os principais fenômenos constitutivos da ordem real. Mas essa disposição inicial tende em seguida a desaparecer, não menos necessariamente, à medida que o espírito positivo, adquirindo um caráter cada vez mais sistemático, substitui, pouco a pouco, o dogma das causas finais pelo princípio das condições de existência, que oferece num grau mais alto, todas as propriedades lógicas desse dogma, sem apresentar nenhum dos seus graves perigos científicos. Deixam, então, os homens de admirar que a constituição dos seres naturais se ache, em cada caso, disposta de maneira a permitir a realização de seus fenômenos efetivos. Ao estudar, com cuidado, essa inevitável harmonia, com o único desígnio de a conhecer melhor, são logo notadas as profundas imperfeições que apresenta, a todos os respeitos, a ordem real, quase sempre inferior em sabedoria à economia artificial que a nossa fraca intervenção humana estabelece em seu limitado campo. Como estes vícios naturais devem ser tanto maiores quanto mais complicados, são os fenômenos considerados as indicações irrecusáveis que o conjunto da Astronomia nos há de oferecer, sob este aspecto, bastarão para fazer pressentir aqui como semelhante apreciação deve estender-se, com uma nova energia filosófica, a todas as outras partes essenciais da verdadeira ciência. Mas importa sobretudo compreender, em geral, a respeito de semelhante crítica, que ela não tem apenas um destino passageiro, a título de meio antiteológico. Ela liga-se, de maneira mais íntima e mais durável, ao espírito fundamental da filosofia positiva, na relação geral entre a especulação e a ação. Se, por um lado, nossa intervenção ativa e permanente repousa, antes de tudo, sobre o exato conhecimento da economia natural, da qual nossa economia artificial deve constituir apenas, sob todos os aspectos, o melhoramento progressivo, não é menos certo, por outro lado, que supomos assim a imperfeição necessária dessa ordem espontânea, cuja modificação gradual constitui o fim de todos os nossos esforços diários, individuais ou coletivos.

Abstraindo-se de qualquer crítica passageira, a justa apreciação dos diversos inconvenientes próprios à constituição efetiva do mundo real deve, pois, ser concebida doravante como inerente ao conjunto da filosofia positiva, mesmo em relação aos casos inacessíveis aos nossos fracos meios de aperfeiçoamento, a fim de conhecer melhor, quer nossa condição fundamental, quer o destino essencial de nossa contínua atividade.

CAPÍTULO 3

Atributos Correlatos do Espírito Positivo e do Bom-Senso

I. Da palavra positivo: suas diversas acepções resumem os atributos do verdadeiro espírito filosófico

O concurso espontâneo das diversas considerações gerais indicadas neste Discurso basta para caracterizar aqui, sob todos os aspectos principais, o verdadeiro espírito filosófico, que, após lenta evolução preliminar, atinge hoje o seu estado sistemático. Tendo em vista a evidente obrigação em que nos colocamos de qualificá-lo habitualmente, daqui por diante, por uma denominação curta e especial, tive de preferir aquela a que esta universal preparação atribuiu cada vez mais, durante os três últimos séculos, a preciosa propriedade de resumir o melhor possível o conjunto dos seus atributos fundamentais. Como todos os termos vulgares elevados assim gradualmente à dignidade filosófica, a palavra "positivo" oferece, em nossas línguas ocidentais, várias acepções distintas, mesmo que se afaste o sentido grosseiro que lhe dão os espíritos mal cultivados. Importa, porém, notar aqui que todos esses diversos significados convêm igualmente à nova filosofia geral, cujas diferentes qualidades características indicam alternadamente:

assim essa aparente ambiguidade não oferecerá de agora em diante nenhum inconveniente real. Convirá ver nisso, ao contrário, um dos principais exemplos dessa admirável condensação de fórmulas que, nas populações avançadas, reuniu, sob uma única expressão usual, vários atributos distintos, quando a razão pública chegou a reconhecer sua ligação permanente.

Considerada, em primeiro lugar, em sua acepção mais antiga e mais comum, a palavra "positivo" designa o real em oposição ao quimérico: neste sentido, convém plenamente ao novo espírito filosófico, que fica assim caracterizado pela sua constante consagração às indagações verdadeiramente acessíveis à nossa inteligência, com a exclusão efetiva dos impenetráveis mistérios com que se ocupava sobretudo a sua infância. Num segundo sentido muito próximo do precedente, mas, entretanto, distinto, este termo fundamental indica o contraste entre o útil e o ocioso: lembra então, em Filosofia, que o destino necessário de todas as nossas sãs especulações é a melhoria contínua de nossa verdadeira condição individual e coletiva, e não a vã satisfação de uma curiosidade estéril. Conforme um terceiro significado usual, esta feliz expressão é empregada frequentemente para qualificar a oposição entre a certeza e a indecisão: ela indica, assim, a capacidade característica de semelhante filosofia para constituir espontaneamente a harmonia lógica no indivíduo e a comunhão espiritual na espécie inteira, em lugar dessas dúvidas indefinidas e desses debates intermináveis que o antigo regime mental devia suscitar. Uma quarta acepção ordinária, demasiadas vezes confundida com a precedente, consiste em opor o preciso ao vago: este sentido lembra a tendência constante do verdadeiro espírito filosófico para obter em toda a parte o grau de precisão compatível com a natureza dos fenômenos e conforme à exigência de nossas reais necessidades; ao passo que a antiga maneira de filosofar conduzia necessariamente a opiniões vagas, por não comportar a indispensável disciplina senão em virtude de contínua compressão, apoiada na autoridade sobrenatural.

Cumpre enfim notar especialmente uma quinta aplicação menos usada do que as outras, embora igualmente universal, quando se emprega o vocábulo "positivo" como o contrário de negativo. Sob este aspecto ele indica uma das mais eminentes propriedades da genuína filosofia moderna, mostrando-a destinada, sobretudo por sua natureza, não a destruir, mas a organizar. Os quatro caracteres gerais acima lembrados distinguem-na, ao mesmo tempo, de todos os modos possíveis, quer teológicos, quer metafísicos, peculiares à filosofia inicial. Esta última significação, que indica, além disso, a tendência contínua do novo espírito filosófico, oferece hoje especial importância por caracterizar diretamente uma das suas principais diferenças, não mais do espírito teológico que foi durante muito tempo orgânico, mas do espírito metafísico propriamente dito, que nunca pôde deixar de ser crítico. Qualquer que seja, com efeito, a ação dissolvente da ciência real, esta influência foi sempre nela puramente indireta e secundária: sua própria falta de sistematização impedia até aqui que fosse de outro modo, e o grande ofício orgânico, que agora lhe cabe, se oporia, daqui por diante, a essa atribuição acessória, que ele tende, aliás, a tornar supérflua. A sã filosofia afasta radicalmente, é verdade, todas as questões necessariamente insolúveis; mas, motivando-lhes a rejeição, evita negar qualquer coisa a seu respeito, o que seria contraditório ao desuso sistemático pelo qual devem extinguir-se todas as opiniões que não são verdadeiramente suscetíveis de discussão. Sendo igualmente indiferente a todas elas, e, por conseguinte, mais imparcial e tolerante em relação a cada uma do que os seus opostos partidários, a sã filosofia aplica-se a apreciar-lhes historicamente a influência respectiva, as condições de sua duração e os motivos de sua decadência, sem jamais pronunciar qualquer negação absoluta, mesmo quando se trata das doutrinas mais antipáticas ao estado presente da razão humana entre as populações da elite. É assim que presta escrupulosa justiça, não somente aos diversos sistemas de monoteísmo diferentes do que expira hoje entre nós, mas também às crenças politeicas, ou mesmo fetichistas, referindo-as sempre às fases correspondentes da evolução fundamental. Sob o aspecto dogmático, ela professa além disso que as concepções de nossa imaginação, quando sua natureza as torna necessariamente inacessíveis a toda observação, não são mais desde então suscetíveis de negativa ou de afirmação verdadeiramente decisivas. Ninguém, sem dúvida, jamais demonstrou logicamente a inexistência de Apolo, de Minerva, etc., nem a das fadas orientais ou das várias criações poéticas; o que de nenhum modo impediu o espírito humano de abandonar irrevogavelmente os dogmas antigos, quando deixaram enfim de convir ao conjunto de sua situação.

O único caráter essencial do novo espírito filosófico que ainda não é indicado pela palavra "positivo" consiste na sua tendência necessária a substituir por toda a parte o absoluto pelo relativo. Mas este grande atributo, a um tempo científico e lógico, é de tal forma inerente à natureza fundamental dos conhecimentos reais, que sua consideração geral não tardará a ligar-se intimamente aos diversos aspectos que essa fórmula já combina, quando o moderno regime intelectual, até aqui parcial e empírico, passar comumente ao estado sistemático. A quinta acepção, que acabamos de apreciar, é especialmente própria para determinar esta última condensação da nova linguagem filosófica, desde então plenamente constituída, conforme a afinidade evidente das duas propriedades. Concebe-se, com efeito, que a natureza absoluta das antigas doutrinas, quer teológicas, quer metafísicas, determinasse necessariamente cada uma delas a tornar-se negativa em relação a todas as outras, sob pena de degenerar em ecletismo absurdo. É, pelo contrário, em virtude de seu gênio relativo que a nova filosofia pode apreciar sempre o valor próprio das teorias que lhes são mais opostas, sem todavia fazer nunca qualquer vã concessão, suscetível de alterar a nitidez de suas vistas ou a firmeza de suas decisões. Há, pois, na verdade, motivo para presumir-se, de acordo com o conjunto de semelhante apreciação especial, que a fórmula empregada aqui para qualificar habitualmente esta filosofia definitiva lembrará de ora em diante, a todos os bons espíritos, a inteira combinação efetiva de suas diversas propriedades características.

II. Correlação espontânea, e depois sistemática, entre o espírito positivo e o bom senso universal

Quando se procura a origem fundamental de semelhante maneira de filosofar, não se tarda a reconhecer que sua espontaneidade elementar coincide realmente com os primeiros exercícios práticos da razão humana, porque o conjunto das explicações dadas neste Discurso demonstra claramente que todos os seus atributos principais são, no fundo, os mesmos que os do bom senso universal. Apesar do ascendente mental da mais grosseira Teologia, a conduta diária da vida ativa suscitou sempre, em relação a cada ordem de fenômenos, certo esboço das leis naturais e das previsões correspondentes, em alguns casos particulares, que pareciam então apenas secundários ou excepcionais; ora, tais são, com efeito, os germes necessários da positividade, que devia por muito tempo permanecer empírica antes de poder tornar-se racional. Muito importa compreender que, sob todos os aspectos essenciais, o verdadeiro espírito filosófico consiste sobretudo na extensão sistemática do simples bom senso a todas as especulações verdadeiramente acessíveis. Seu domínio é radicalmente idêntico, pois as maiores questões da sã filosofia se referem por toda a parte aos fenômenos mais vulgares, em relação aos quais os casos artificiais constituem apenas uma preparação mais ou menos indispensável. São, de um e outro lado, o mesmo ponto de partida experimental, o mesmo objetivo de ligar e prever, a mesma preocupação contínua de realidade, a mesma intenção final de utilidade. Toda sua diferença essencial consiste na generalidade sistemática de um, resultante de sua abstração necessária, oposta à incoerente especialidade do outro, sempre ocupado com o concreto.

Encarada sob o aspecto dogmático, esta conexão fundamental representa a ciência propriamente dita como um simples prolongamento metódico da sabedoria universal. Assim, muito longe de jamais pôr em dúvida o que esta verdadeiramente decidiu, as sãs especulações filosóficas devem sempre tomar de empréstimo a razão comum suas noções iniciais para fazê-las adquirir, por uma elaboração sistemática, um grau de generalidade e de consistência que não podiam espontaneamente obter. Durante o curso de uma tal elaboração, o controle permanente da sabedoria vulgar conserva, além disso, alta importância a fim de evitar, tanto quanto possível, as diversas aberrações, por negligência ou por ilusão, que muitas vezes suscita o estado contínuo de abstração indispensável à atividade filosófica. Apesar da sua afinidade necessária, o bom senso propriamente dito deve preocupar-se sobretudo com a realidade e a utilidade, ao passo que o espírito filosófico tende a apreciar mais a generalidade e a ligação, de modo que sua dupla reação diária se torna por igual favorável a ambos, consolidando em cada um as qualidades fundamentais que nele se alterariam naturalmente. Semelhante relação indica logo como são necessariamente ocas e estéreis as indagações especulativas, dirigidas, em qualquer assunto, para os primeiros princípios, que, devendo sempre emanar da sabedoria vulgar, não pertencem nunca ao verdadeiro domínio da ciência, da qual constituem, ao revés, os fundamentos espontâneos e desde então indiscutíveis, o que corta pela raiz uma imensidade de controvérsias ociosas ou perigosas, deixadas pelo antigo regime. Pode-se igualmente sentir assim a profunda futilidade final de todos os estudos preliminares relativos à lógica abstrata, onde se trata de apreciar o verdadeiro método filosófico, sem nenhuma aplicação a qualquer ordem de fenômenos. E, de fato, os únicos princípios realmente gerais que a este respeito possamos estabelecer, se reduzem necessariamente, como é fácil verificar nos mais célebres desses aforismos, a algumas máximas incontestáveis, mas evidentes, tiradas da razão comum e que verdadeiramente nada de essencial acrescentam às indicações que resultam, em todos os bons espíritos, de simples exercício espontâneo.

Quanto à maneira de adaptar essas regras universais às diversas ordens de nossas especulações positivas, o que constituiria a verdadeira dificuldade e a utilidade real de tais preceitos lógicos, ela não poderia comportar sólida apreciação senão após uma análise especial dos estudos correspondentes, de conformidade com a natureza própria dos fenômenos considerados. A sã filosofia não separa, portanto, a Lógica da ciência, pois o método e a doutrina não podem ser bem julgados, em cada caso, senão de acordo com as suas verdadeiras relações mútuas: não é mais possível, no fundo, dar à Lógica, assim como à ciência, um caráter universal através de concepções puramente abstratas, independentes de todos os fenômenos determinados; as tentativas deste gênero indicam ainda a secreta influência do espírito absoluto inerente ao regime teológico-metafísico.

Considerada agora sob o aspecto histórico, esta íntima solidariedade natural entre o gênio próprio da verdadeira filosofia e o simples bom senso universal mostra a origem espontânea do espírito positivo, que por toda a parte resultou, com efeito, uma reação especial da razão prática sobre a razão teórica, cujo caráter inicial foi sendo assim aos poucos modificado. Mas não era possível que se operasse essa transformação gradual simultaneamente, sobretudo com igual velocidade, nas diversas classes de especulações abstratas, todas primitivamente teológicas, como já o reconhecemos. Este constante impulso concreto não podia fazer o espírito positivo penetrar nelas a não ser segundo uma ordem determinada de acordo com a complicação crescente dos fenômenos, como será diretamente explicado mais adiante. A positividade abstrata, necessariamente surgida nos mais simples estudos matemáticos, e propagada em seguida por via de afinidade espontânea ou de imitação instintiva, não podia, pois, oferecer a principio senão um caráter especial, e, mesmo, a muitos respeitos, empírico, que devia por muito tempo dissimular, à maior parte dos seus promotores, quer sua incompatibilidade inevitável com a filosofia inicial, quer, sobretudo, sua tendência radical para fundar novo regime lógico. Seus progressos contínuos, sob o impulso crescente da razão vulgar, não podiam então determinar diretamente senão o triunfo preliminar do espírito metafísico, destinado, por sua generalidade espontânea, a servir-lhe de órgão filosófico durante os séculos decorridos entre a preparação mental do monoteísmo e sua plena instalação social, após a qual, tendo o regime ontológico obtido todo o ascendente que sua natureza comportava, logo se tornou opressivo ao progresso científico, que ele havia até então secundado. Também o espírito positivo só pôde suficientemente manifestar sua própria tendência filosófica quando foi enfim conduzido, por essa opressão, a lutar especialmente contra o espírito metafísico, com o qual deverá parecer confundido durante muito tempo. Por esta razão, a primeira fundação sistemática da filosofia positiva não poderia remontar à época anterior, à memorável crise na qual o conjunto do regime ontológico começou a sucumbir em todo o ocidente europeu sob o concurso espontâneo de dois admiráveis impulsos mentais, um, científico, emanado de Kepler e Galileu, e outro, filosófico, devido a Bacon e Descartes. A imperfeita unidade metafísica constituída no fim da Idade Média foi desde então irrevogavelmente dissolvida, como a ontologia grega já destruíra para sempre a grande unidade teológica, correspondente ao politeísmo. Depois desta crise verdadeiramente decisiva, o espírito positivo, crescendo mais em dois séculos, do que lhe fora possível durante toda a sua longa carreira anterior, não permitiu mais outra unidade mental a não ser a que resultava do seu próprio ascendente universal, pois cada novo domínio sucessivamente por ele adquirido jamais podia retornar à Teologia ou à Metafísica, em virtude da consagracão definitiva que essas aquisições crescentes achavam mais e mais na razão vulgar. E só por tal sistematização que a sabedoria teórica concederá verdadeiramente à sabedoria prática digna equivalente, em generalidade e em consistência, do serviço fundamental que dela recebeu, em realidade e em eficácia, durante sua lenta iniciação gradual; porque as noções positivas obtidas nos dois últimos séculos são, a falar verdade, muito mais preciosas como materiais posteriores de uma nova filosofia geral do que por seu valor direto e especial, pois a maior parte delas ainda não pôde adquirir seu caráter definitivo, nem científico, nem mesmo lógico.

O conjunto da nossa evolução mental, e sobretudo o grande movimento realizado no ocidente europeu, desde Descartes e Bacon, não deixam, pois, doravante, outra saída possível senão a de constituir enfim, após tantos preâmbulos necessários, o estado verdadeiramente normal da razão humana, proporcionando ao espírito positivo a plenitude e a racionalidade que ainda lhe faltam, de maneira a estabelecer, entre o gênio filosófico e o bom senso universal, uma harmonia que até aqui não havia podido suficientemente existir. Ora, estudando estas duas condições simultâneas, de complemento e de sistematização, que a ciência real deve hoje preencher para elevar-se à dignidade de verdadeira filosofia, não se tarda em reconhecer que finalmente coincidem. De um lado, com efeito, a grande crise inicial da positividade moderna só deixou fora do movimento científico propriamente dito as teorias morais e sociais, que ficaram, desde então, em irracional insulamento, sob o estéril domínio do espírito teológico-metafísico; era, pois, em trazê-las ao estado positivo que devia consistir, sobretudo em nossos dias, a última prova do verdadeiro espírito filosófico, cuja extensão sucessiva a todos os outros fenômenos fundamentais já se achava bastante esboçada. Mas, por outro lado, esta última expansão da filosofia natural tendia espontaneamente a logo sistematizá-la, constituindo o único ponto de vista, quer científico, quer lógico, que possa dominar o conjunto de nossas especulações reais, sempre necessariamente redutíveis ao aspecto humano, isto é, social, único suscetível de ativa universalidade. Tal é o duplo objetivo filosófico da elaboração fundamental, ao mesmo tempo especial e geral, que ousei empreender na grande obra indicada no começo deste Discurso: os mais eminentes pensadores contemporâneos julgam-na assim assaz realizada para já ter assentado as verdadeiras bases diretas da completa renovação mental projetada por Bacon e Descartes, mas cuja execução decisiva estava reservada ao nosso século.

PARTE II

SUPERIORIDADE SOCIAL DO ESPÍRITO POSITIVO

CAPÍTULO 1
Organização da Revolução

Para que esta sistematização final das concepções humanas seja hoje suficientemente caracterizada, não basta apreciar seu destino teórico, como acabamos de fazer; é preciso também considerar aqui, de um modo distinto, embora sumário, sua aptidão necessária para constituir a única saída intelectual que possa comportar a imensa crise social desenvolvida, há um século, no conjunto do ocidente europeu, e especialmente na França.

I. Impotência das escolas atuais

Enquanto se realizava gradualmente, durante os últimos séculos, a irrevogável dissolução da filosofia teológica, o sistema político, que a tinha por base mental, sofria cada vez mais uma decomposição não menos radical, igualmente presidida pelo espírito metafísico. Este duplo movimento negativo tinha como órgãos essenciais e solidários, de um lado, as universidades a princípio emanadas, mas logo rivais, do poder sacerdotal; de outro lado as diversas corporações de legistas, gradualmente hostis aos poderes feudais: apenas, à medida que a ação crítica se disseminava, seus agentes, sem mudar de natureza, tornavam-se mais numerosos e mais subalternos; de sorte que, no século

XVIII, a atividade revolucionária teve de passar, na ordem filosófica, dos doutores propriamente ditos aos simples literatos, e, em seguida, na ordem política, dos juizes aos advogados. A Grande Crise final necessariamente começou quando esta comum decadência, primeiro espontânea, depois sistemática, para a qual, aliás, todas as classes da sociedade moderna haviam concorrido de modo direto, chegou a ponto de tornar universalmente irrecusável a impossibilidade de conservar o regime antigo e a necessidade crescente de uma ordem nova. Desde sua origem, esta crise tendeu sempre a transformar em vasto movimento orgânico o movimento crítico dos cinco séculos anteriores, apresentando-se como destinado sobretudo a operar diretamente a regeneração social, cujos preâmbulos negativos se achavam todos então suficientemente realizados. Mas esta decisiva transformação, embora cada vez mais urgente, permaneceu até aqui essencialmente impossível por falta de uma filosofia capaz de fornecer-lhe indispensável base intelectual. Na própria época em que o conveniente fim da decomposição preliminar exigia o desuso das doutrinas puramente negativas que a tinham dirigido, fatal ilusão, então inevitável, conduziu, pelo contrário, a conceder de modo espontâneo ao espírito metafísico, único ativo durante esse longo preâmbulo, a presidência geral do movimento de reorganização. Quando uma experiência plenamente decisiva[4] evidenciou para sempre, aos olhos de todos, a completa impotência orgânica de semelhante filosofia, a ausência de qualquer outra teoria não permitiu satisfazer logo às necessidades de ordem, que já prevaleciam, senão por uma espécie de restauração passageira[5] deste mesmo sistema,

[4] As constituições francesas de 1791 e 1795 (Beesly).

[5] A reação política e clerical efetuada por Bonaparte e continuada sob Luís XVIII e Carlos X (Beesly).

mental e social, cuja irreparável decadência havia ocasionado a crise. Enfim, o desenvolvimento dessa reação retrógrada determinou, em seguida, memorável manifestação que nossas lacunas filosóficas tornavam tão indispensável quanto inevitável, a fim de demonstrar irrevogavelmente e constituir o progresso, tanto como a ordem, uma das condições fundamentais da civilização moderna.

O concurso natural destas duas experiências irrecusáveis, cujo renovamento se tornou agora tão impossível como inútil, nos conduziu hoje a esta estranha situação em que nada de verdadeiramente grande pode ser empreendido, em benefício da ordem ou do progresso, por falta de uma filosofia realmente adaptada ao conjunto de nossas necessidades. Todo esforço sério de reorganização logo se detém diante dos temores de retrogradação que deve naturalmente inspirar, numa época em que as ideias de ordem ainda emanam, em essência, do tipo antigo, que se tornou justamente antipático às populações atuais: da mesma forma as tentativas de aceleração direta da progressão política não tardam a ser radicalmente entravadas pelas inquietações muito legítimas que devem suscitar sobre a iminência da anarquia, enquanto as ideias de progresso permanecem sobretudo negativas. Como antes da crise, a luta aparente acha-se, pois, empenhada entre o espírito teológico, reconhecido incompatível com o progresso, que ele foi conduzido a negar dogmaticamente, e o espírito metafísico, o qual, depois de terminar, em Filosofia, na dúvida universal, não pôde tender, em política, senão a constituir a desordem, ou um estado equivalente de não-governo. Mas, de acordo com o sentimento unânime de sua comum insuficiência, nem um, nem outro pode inspirar mais, doravante, aos governantes ou governados, profundas convicções ativas. Seu antagonismo continua, pois, a alimentá-los mutuamente, sem que nenhum deles possa comportar mais verdadeiro desuso, nem decisivo triunfo, porque nossa situação intelectual os torna ainda indispensáveis para representar de algum modo as condições simultâneas, de um lado, da ordem e, de outro, do progresso, até que uma única filosofia as possa satisfazer igualmente, de modo a tornar enfim tão inútil a escola retrógrada, como a negativa, cada uma das quais é sobretudo destinada hoje a impedir a completa preponderância da outra. Todavia, as inquietudes opostas, relativas a estes dois domínios contrários, deverão naturalmente persistir ao mesmo tempo, enquanto durar este intervalo mental, como consequência inevitável da irracional cisão entre as duas faces inseparáveis do grande problema social. Com efeito, cada uma das duas escolas, em virtude de sua exclusiva preocupação, não é nem mesmo capaz de conter suficientemente, doravante, as aberrações inversas de sua antagonista. Apesar de sua tendência antianárquica, a escola teológica mostrou-se, em nossos dias, radicalmente impotente para impedir o surto das opiniões subversivas, que, depois de se terem desenvolvido especialmente durante sua principal restauração, amiúde são por ela propagadas, em consequência de frívolos cálculos dinásticos. Assim também, qualquer que seja o instinto antirretrógrado da escola metafísica, ela não tem hoje mais toda a força lógica que o seu simples ofício revolucionário exigiria, porque sua inconseqüência característica a obriga a admitir os princípios essenciais deste sistema, cujas verdadeiras condições de existência ela incessantemente ataca.

Este deplorável oscilar entre duas filosofias opostas, que se tornaram igualmente vãs e não podem extinguir-se senão ao mesmo tempo, devia suscitar uma espécie de escola intermediária, essencialmente estacionária, destinada sobretudo a lembrar de modo direto o conjunto da questão social, proclamando enfim como igualmente necessárias as condições fundamentais que insulavam as duas opiniões ativas. Mas por falta de uma filosofia própria para realizar esta grande combinação do espírito de ordem com o de progresso, este terceiro impulso permanece logicamente ainda mais impotente do que os dois outros, porque sistematiza a inconsequência, consagrando simultaneamente os princípios retrógrados e as máximas negativas, a fim de poder mutuamente neutralizá-los. Longe de tender a terminar a crise, tal disposição só poderia conseguir eternizá-la, opondo-se diretamente a toda verdadeira preponderância de um sistema qualquer, se não fosse limitada a simples destino passageiro, para empiricamente satisfazer às mais graves exigências de nossa situação revolucionária, até o advento decisivo das únicas doutrinas que possam doravante convir ao conjunto de nossas necessidades. Mas assim concebido, este expediente provisório se torna hoje tão indispensável como inevitável. Seu rápido ascendente prático, implicitamente reconhecido pelos dois partidos ativos, torna patente cada vez mais, nas populações atuais, o amortecimento simultâneo das convicções e das paixões anteriores, tanto retrógradas como críticas, gradualmente substituídas por um sentimento universal verdadeiro, embora confuso, da necessidade e mesmo da possibilidade da conciliação contínua entre o espírito de conservação e o de melhoramento igualmente peculiares ao estado normal da Humanidade. A tendência correspondente dos homens de Estado a impedir hoje, tanto quanto possível, todo grande movimento político, acha-se além disso conforme às exigências fundamentais de uma situação que, na realidade, só comportará instituições provisórias, enquanto uma verdadeira filosofia geral não tiver suficientemente congregado as inteligências. Sem que os poderes atuais o percebam, esta resistência instintiva concorre para facilitar a verdadeira solução, incitando transformar a estéril agitação política em ativa progressão filosófica, de modo a seguir, enfim, a marcha prescrita pela natureza própria da reorganização final, que se deve operar primeiro nas ideias, para passar em seguida aos costumes e, por fim, às instituições. Tal transformação, que já tende a prevalecer na França, deve naturalmente desenvolver-se cada vez mais por toda a parte, visto a necessidade crescente em que se acham agora colocados nossos governos ocidentais de manter, a grande custo, a ordem material no meio da desordem intelectual e moral, necessidade que deve a pouco e pouco essencialmente absorver-lhes esforços diários, e conduzi-los a renunciar implicitamente a toda séria presidência da reorganização espiritual, entregue assim, doravante, à livre atividade dos filósofos que se mostrarem dignos de dirigi-la. Esta disposição natural dos poderes atuais está em harmonia com a tendência espontânea das populações a uma aparente indiferença política, motivada pela impotência radical das diversas doutrinas em voga, disposição que deve sempre persistir, enquanto os debates políticos, por falta de impulso conveniente, continuarem a degenerar em vãs lutas pessoais, cada vez mais miseráveis. Tal é a feliz eficácia prática que o conjunto da nossa situação revolucionária proporciona de modo momentâneo a uma escola essencialmente empírica, que, sob o aspecto teórico, não pode jamais produzir senão um sistema radicalmente contraditório, não menos absurdo e não menos perigoso, em política, do que o é, em Filosofia, o ecletismo correspondente, inspirado também pela vã intenção de conciliar, sem princípios próprios, opiniões incompatíveis.

II. Conciliação positiva da ordem e do progresso

De acordo com este sentimento, cada vez mais desenvolvido, da igual insuficiência social, que de agora em diante oferecem o espírito teológico e o metafísico, únicos que até aqui ativamente disputaram o império, deve a razão pública achar-se implicitamente disposta a acolher hoje o espírito positivo como a única base possível de verdadeira resolução da profunda anarquia intelectual e moral que sobretudo caracteriza a grande crise moderna. A escola positiva, que ficara ainda estranha a tais questões, preparou-se gradualmente para resolvê-las, constituindo, tanto quanto possível, durante a luta revolucionária dos três últimos séculos, o verdadeiro estado normal de todas as categorias mais simples de nossas especulações reais. Fortalecida por tais antecedentes científicos e lógicos, isenta, além disso, das diversas aberrações contemporâneas, apresenta-se hoje como tendo enfim adquirido a inteira generalidade filosófica que até aqui lhe faltava; desde então ousa empreender, por sua vez, a solução, ainda intacta, do grande problema, transportando convenientemente para os estudos finais a mesma regeneração que sucessivamente já operou nos diversos estudos preliminares.

Não se pode, à primeira vista, desconhecer a aptidão espontânea de semelhante filosofia para estabelecer, de modo direto, a conciliação fundamental, ainda tão inutilmente procurada, entre as exigências simultâneas da ordem e do progresso, pois lhe basta, para tal, estender até os fenômenos sociais uma tendência plenamente conforme a sua natureza, e que ela tornou hoje muito familiar em todos os outros casos essenciais. Em qualquer assunto o espírito positivo conduz sempre a estabelecer uma exata harmonia elementar entre as ideias de existência e as de movimento, em que resulta mais especialmente, para com os corpos vivos, a correlação permanente das ideias de organização e de vida, e, em seguida, por uma última especialização peculiar ao organismo social, a solidariedade contínua das ideias de ordem com as de progresso. Para a nova filosofia, a ordem constitui sempre a condição fundamental do progresso; e, reciprocamente, o progresso é o objetivo necessário da ordem: como na mecânica animal, são mutuamente indispensáveis o equilíbrio e a progressão, um como fundamento e a outra como destino.

Considerado, em seguida, especialmente quanto à ordem, o espírito positivo apresenta-lhe hoje, em sua extensão social, fortes garantias diretas, não só científicas mas também lógicas, que poderão logo ser julgadas muito superiores às vãs pretensões de uma teologia retrógrada, que, desde vários séculos, degenerou cada vez mais em elemento ativo de discórdias, individuais ou nacionais, e tornou-se incapaz de conter daqui por diante as divagações subversivas dos seus próprios adeptos. Atacando a desordem atual na sua verdadeira fonte, necessariamente mental, o espírito positivo constitui, tão profundamente quanto possível, a harmonia lógica, regenerando primeiro os métodos, depois as doutrinas, por uma tríplice conversão simultânea da natureza das questões dominantes, da maneira de tratá-las e das condições preliminares da sua elaboração. De um lado, com efeito, ele demonstra que as principais dificuldades sociais não são hoje essencialmente políticas, mas sobretudo morais, de sorte que sua solução possível depende realmente muito mais das opiniões e dos costumes do que das instituições; o que tende a extinguir uma atividade perturbadora, transformando a agitação política em movimento filosófico. Sob o segundo aspecto, ele encara sempre o estado presente como um resultado necessário do conjunto da evolução anterior, de modo a fazer constantemente prevalecer a apreciação racional do passado no exame atual dos negócios humanos; o que afasta logo as tendências puramente críticas, incompatíveis com toda sã concepção histórica. Enfim, em lugar de deixar a ciência social no vago e estéril insulamento em que ainda a colocam a Teologia e a Metafísica, ele a liga irrevogavelmente a todas as outras ciências fundamentais, que constituem gradualmente, em relação a este estudo final, outros tantos preâmbulos indispensáveis, onde a nossa inteligência adquire ao mesmo tempo os hábitos e as noções sem as quais não podem ser utilmente tratadas as mais eminentes especulações positivas. Esta circunstância já institui uma verdadeira disciplina mental, própria a melhorar de modo radical tais discussões, desde então racionalmente interditas a grande número de entendimentos mal organizados ou mal preparados. Estas grandes garantias lógicas são, aliás, em seguida plenamente confirmadas e desenvolvidas pela apreciação científica propriamente dita, que, em relação aos fenômenos sociais, assim como a todos os outros, representa sempre nossa ordem artificial como devendo consistir sobretudo no simples prolongamento judicioso, primeiro espontâneo, depois sistemático, da ordem natural que resulta, em cada caso, do conjunto das leis reais, cuja ação efetiva é ordinariamente modificável por nossa criteriosa intervenção, entre limites determinados, tanto mais distantes entre si quanto de ordem mais elevada são os fenômenos. O sentimento elementar da ordem é, em uma palavra, naturalmente inseparável de todas as especulações positivas, constantemente dirigidas para o descobrimento dos meios de ligação entre observações cujo principal valor resulta da sua sistematização.

O mesmo se dá, e ainda mais evidentemente, quanto ao progresso, que, apesar das vãs pretensões ontológicas, acha hoje, no conjunto dos estudos científicos, sua mais incontestável manifestação. Em virtude de sua natureza absoluta e, por conseguinte, essencialmente imóvel, a Metafísica e a Teologia não poderiam comportar, com pouca diferença uma da outra, um verdadeiro progresso, isto é, uma verdadeira progressão contínua para determinado fim. Suas transformações históricas consistem sobretudo, ao revés, num desuso crescente, assim mental como social, sem que as questões agitadas pudessem jamais dar qualquer passo real, em virtude mesmo de sua radical insolubilidade. É fácil reconhecer que as discussões ontológicas das escolas gregas se reproduziram essencialmente, sob outras formas, entre os escolásticos da Idade Média, e encontramos hoje o equivalente delas entre os nossos psicólogos ou ideólogos, pois nenhuma das doutrinas controvertidas pôde, durante estes vinte séculos de estéreis debates, chegar a demonstrações decisivas, nem mesmo no que concerne à existência dos corpos exteriores, ainda tão problemática para os argumentadores modernos como para os seus mais antigos predecessores. Foi evidentemente o avanço contínuo dos conhecimentos positivos que inspirou, há dois séculos, na célebre fórmula filosófica de Pascal, a primeira noção racional de progresso humano, necessariamente estranha a toda a filosofia antiga. Estendida em seguida à evolução industrial e mesmo estética, mas tendo ficado muito confusa em relação ao movimento social, ela tende hoje, de modo vago, para uma sistematização decisiva, que só pode emanar do espírito positivo, enfim convenientemente generalizado. Em suas especulações diárias ele reproduz espontaneamente seu ativo sentimento elementar, representando sempre a extensão e o aperfeiçoamento de nossos conhecimentos reais como o objetivo essencial de nossos diversos esforços teóricos. Sob um aspecto mais sistemático, a nova filosofia aponta, diretamente, como destino necessário a toda nossa existência, a um tempo pessoal e social, o melhoramento contínuo, não somente de nossa condição, mas também e sobretudo de nossa natureza, tanto quanto o comporta, a todos os respeitos, o conjunto das leis reais exteriores e interiores. Erigindo, assim, a noção de progresso em dogma verdadeiramente fundamental da sabedoria humana, quer prática, quer teórica, ela lhe imprime o mais nobre e também o mais completo caráter, representando sempre o segundo gênero de aperfeiçoamento como superior ao primeiro. Dependendo, com efeito, de um lado, a ação da Humanidade sobre o mundo exterior especialmente das disposições do agente, a sua melhoria deve constituir nosso principal recurso: sendo, por outro lado, os fenômenos humanos, individuais ou coletivos, os mais modificáveis de todos, é em relação a eles que nossa intervenção racional comporta naturalmente a mais alta eficácia. O dogma do progresso não pode, pois, tornar-se suficientemente filosófico senão mediante uma exata apreciação geral do que constitui sobretudo esse melhoramento contínuo de nossa própria natureza, principal objeto da progressão humana. Ora, a este respeito, o conjunto da filosofia positiva demonstra plenamente, como se pode ver na obra indicada no começo deste Discurso que tal aperfeiçoamento consiste essencialmente, assim para o indivíduo como para a espécie, em fazer prevalecer cada vez mais os eminentes atributos que mais distinguem nossa humanidade da simples animalidade, isto é, de uma parte a inteligência, de outra parte a sociabilidade, faculdades naturalmente solidárias, que se servem mutuamente de meio e de fim. Embora o curso espontâneo da evolução humana, pessoal ou social, desenvolva sempre sua comum influência, seu ascendente combinado não poderia, entretanto, chegar ao ponto de impedir que proceda habitualmente nossa principal atividade dos instintos inferiores, que nossa constituição real torna, por força, muito mais enérgicos.

Assim esta ideal preponderância de nossa humanidade sobre nossa animalidade preenche naturalmente as condições essenciais de um verdadeiro tipo filosófico, caracterizando determinado limite, do qual todos os nossos esforços devem aproximar-nos constantemente sem, todavia, conseguirem jamais atingi-lo.

Esta dupla indicação da aptidão fundamental do espírito positivo para sistematizar espontaneamente as sãs noções simultâneas de ordem e de progresso basta aqui para assinalar sumariamente a alta eficácia social peculiar à nova filosofia. Seu valor, a este respeito, depende sobretudo de sua plena realidade científica, isto é, da exata harmonia que estabelece sempre, tanto quanto possível, entre os princípios e os fatos, não só em relação aos fenômenos sociais, como também a todos os outros. A reorganização completa, única que pode terminar a grande crise moderna, consiste, com efeito, sob o aspecto mental, que deve prevalecer em primeiro lugar, em constituir uma teoria sociológica própria para convenientemente explicar o conjunto do passado humano: tal é o modo mais racional de pôr a questão essencial, a fim de afastar dela mais facilmente qualquer paixão perturbadora. Ora, é assim que a superioridade necessária da escola positiva sobre as diversas escolas atuais pode também ser mais nitidamente apreciada. Sendo o espírito teológico e o metafísico levados, por sua natureza absoluta, a não considerar senão o período do passado em que cada um deles dominou especialmente: o que precede e o que se segue não oferece mais do que tenebrosa confusão e inexplicável desordem, cuja ligação com essa estreita porção do grande espetáculo histórico não pode, aos seus olhos, resultar senão de milagrosa interferência.

Por exemplo, o catolicismo sempre mostrou, a respeito do politeísmo antigo, uma tendência cegamente crítica, como a que ele hoje justamente increpa, em relação a si mesmo, ao espírito revolucionário propriamente dito. Uma verdadeira explicação do conjunto do passado, de conformidade com as leis constantes de nossa natureza, individual ou coletiva, é, pois, necessariamente impossível às diversas escolas absolutas que ainda dominam, e, na realidade, nenhuma delas tentou dá-la de modo satisfatório. Só o espírito positivo, em virtude de sua natureza eminentemente relativa, pode representar de modo conveniente todas as grandes épocas históricas como outras tantas fases determinadas de uma única evolução fundamental, onde cada uma resulta da precedente e prepara a seguinte segundo leis invariáveis, que fixam sua participação especial na progressão comum, de modo a permitir sempre, sem inconsequência nem parcialidade, render exata justiça filosófica a quaisquer cooperações. Embora este incontestável privilégio da positividade racional deva, a princípio, parecer puramente especulativo, os verdadeiros pensadores nele reconhecerão logo a primeira fonte necessária do ativo ascendente social reservado enfim à nova filosofia. Podemos, na verdade, assegurar hoje que a doutrina que houver suficientemente explicado o conjunto do passado obterá de modo inevitável, em virtude desta única prova, a presidência mental do futuro.

CAPÍTULO 2
Sistematização da Moral Humana

Semelhante indicação das altas propriedades sociais que caracterizam o espírito positivo não seria ainda assaz decisiva se lhe não ajuntássemos uma apreciação sumária de sua aptidão espontânea para sistematizar enfim a moral humana, o que constituirá sempre a principal aplicação de toda verdadeira teoria da Humanidade.

I. Evolução da moral positiva

No organismo político da antiguidade, a Moral, radicalmente subordinada à Política, não podia jamais adquirir a dignidade nem a universalidade conveniente à sua natureza. Sua independência fundamental e mesmo o seu ascendente normal resultaram enfim, tanto quanto era então possível, do regime monoteico peculiar à Idade Média: este imenso serviço, devido sobretudo ao catolicismo, constituirá sempre o seu principal título ao eterno reconhecimento do gênero humano. Foi somente depois dessa indispensável separação, sancionada e completada pela divisão necessária dos dois poderes, que a moral humana pôde realmente começar a tomar um caráter sistemático, estabelecendo, ao abrigo dos impulsos passageiros, regras verdadeiramente gerais para o conjunto de nossa existência pessoal, doméstica e social. Mas as profundas imperfeições da filosofia monoteica, que presidia então a essa grande operação, alteraram muito a sua eficácia e comprometeram mesmo gravemente a sua estabilidade, suscitando logo fatal conflito entre a expansão intelectual e o desenvolvimento moral. Assim, ligada a uma doutrina que não podia manter-se progressiva por muito tempo, a Moral devia em seguida ser cada vez mais afetada pelo descrédito crescente que ia necessariamente sofrer uma teologia que, sendo daí por diante retrógrada, se tornaria enfim radicalmente antipática à razão moderna. Exposta desde então à ação dissolvente da Metafísica, a moral teórica recebeu, com efeito, durante os últimos cinco séculos, em cada uma das suas três partes essenciais, ataques crescentemente perigosos, que a retidão e a moralidade naturais do homem não puderam, pela prática, reparar sempre suficientemente, apesar do feliz desenvolvimento contínuo que lhes devia proporcionar então a marcha espontânea da nossa civilização. Se o ascendente necessário do espírito positivo não viesse enfim pôr termo a essas anárquicas divagações, elas certamente imprimiriam uma flutuação mortal a todas as noções um pouco delicadas da moral comum não somente social, mas também doméstica e até mesmo pessoal, não deixando subsistir por toda parte senão as regras relativas aos casos mais grosseiros que a apreciação vulgar pudesse diretamente garantir.

Em semelhante situação, deve parecer estranho que a única filosofia capaz efetivamente de consolidar hoje a Moral se veja, ao revés, tachada, a este respeito, de incompetência radical, pelas diversas escolas atuais desde os genuínos católicos até os simples deístas, que, no meio de seus vãos debates, se põem de acordo especialmente para lhe interdizer essencialmente o acesso destas questões fundamentais, pelo único motivo de que o seu gênio, demasiado parcial, se limitara até aqui aos assuntos mais simples. O espírito metafísico que tendeu tantas vezes a dissolver a Moral, e o espírito teológico, que, há muito, perdeu a força de preservá-la, persistem contudo em fazer dela uma espécie de privilégio eterno e exclusivo, sem que a razão pública tenha ainda julgado convenientemente essas pretensões empíricas. Cumpre, é verdade, reconhecer que, em geral, a introdução de qualquer regra moral devia operar-se por toda a parte primeiramente sob as inspirações teológicas, então incorporadas profundamente ao sistema inteiro de nossas ideias, inspirações que eram também as únicas suscetíveis de constituir opiniões suficientemente comuns. Mas o conjunto do passado demonstra igualmente que esta solidariedade primitiva decresceu sempre com o ascendente da Teologia; os preceitos morais, assim como todos os outros, foram cada vez mais reduzidos a uma consagração puramente racional, à medida que o vulgo se tornou mais capaz de apreciar a influência real de cada conduta sobre a existência humana, individual ou social. Separando de modo irrevogável a Moral da Política, o catolicismo devia desenvolver em alto grau essa tendência contínua, pois a intervenção sobrenatural se achou assim diretamente reduzida a formar regras gerais, cuja aplicação particular ficava desde então confiada à sabedoria humana. Dirigindo-se a populações mais adiantadas, ele entregou à razão pública uma série de preceitos especiais que os sábios antigos acreditavam não poder dispensar nunca as injunções religiosas, como o pensam ainda os doutores politeístas da Índia, por exemplo, quanto à maior parte das práticas higiênicas. Podem-se também observar, decorridos mais de três séculos depois de São Paulo, as sinistras predições de vários filósofos ou magistrados pagãos sobre a iminente imoralidade que a próxima revolução teológica ia necessariamente acarretar. Tampouco as declamações atuais das diversas escolas monoteicas impedirão o espírito positivo de completar hoje, sob condições convenientes, a conquista prática e teórica do domínio moral, já entregue espontaneamente, e, cada vez mais, à razão humana, cujas inspirações particulares só nos resta enfim sistematizar especialmente. A Humanidade não poderia, sem dúvida, ficar indefinidamente condenada a não poder fundar suas regras de proceder senão sobre motivos quiméricos, de maneira a eternizar uma desastrosa oposição, até aqui passageira, entre as necessidades intelectuais e as morais.

II. Necessidade de tornar a Moral independente da Teologia e da Metafísica

A experiência demonstra que a assistência teológica, bem longe de ser eternamente indispensável aos preceitos morais, lhes tem sido, ao contrário, entre os modernos, cada vez mais prejudicial, fazendo-os participar inevitavelmente, em virtude dessa funesta aderência, da decomposição crescente do regime monoteico, sobretudo durante os três últimos séculos. Antes de mais nada, essa fatal solidariedade, à medida que se extinguia a fé, devia diretamente enfraquecer a única base sobre a qual repousavam regras que, amiúde expostas a graves conflitos com os nossos mais enérgicos impulsos, precisam ser cuidadosamente preservadas de toda hesitação. A antipatia crescente que o espírito teológico justamente inspirava à razão moderna, afetou de modo grave importantíssimas noções morais, não só relativas às grandes relações sociais, mas ainda referente à simples vida doméstica e mesmo à existência pessoal. Além disto, um cego ardor de emancipação mental arrastou, de modo excessivo, a erigir algumas vezes o desdém passageiro por essas máximas salutares em uma espécie de louco protesto contra a filosofia retrógrada, de onde pareciam exclusivamente emanar. Até entre aqueles que conservavam a fé dogmática, essa funesta influência se fazia sentir indiretamente, porque a autoridade sacerdotal, depois de haver perdido sua independência política, via também decrescer cada vez mais o ascendente social indispensável à sua eficácia moral. Além desta impotência crescente para proteger as regras morais, o espírito teológico muitas vezes as prejudicou, de modo ativo, pelas divagações que suscitou, desde que não foi mais suscetível de suficiente disciplina, sob o inevitável surto do livre exame individual.

Exercido assim, ele, na realidade, inspirou ou secundou muitas aberrações antissociais, que o bom senso, entregue a si mesmo, teria espontaneamente evitado ou rejeitado. As utopias subversivas que vemos ganhar crédito hoje, quer contra a propriedade, quer mesmo acerca da família, etc., não emanaram quase nunca das inteligências plenamente emancipadas, nem foram por elas acolhidas, apesar das suas lacunas fundamentais, mas antes, por certo, o foram pelas que buscam ativamente uma espécie de restauração teológica, fundada sobre vago e estéril deísmo ou sobre um protestantismo equivalente. Enfim, essa antiga aderência à Teologia tornou-se também necessariamente funesta à Moral, sob um terceiro aspecto geral, opondo-se à sua sólida reconstrução sobre bases puramente humanas. Se este obstáculo consistisse só nas cegas declamações muito frequentemente emanadas das diversas escolas atuais, teológicas ou metafísicas, contra o pretenso perigo de semelhante operação, os filósofos positivos poderiam limitar-se a repelir odiosas insinuações pelo irrecusável exemplo da sua própria vida diária, pessoal, doméstica e social. Mas esta oposição é infelizmente muito mais radical, porque resulta da irredutível incompatibilidade necessária que evidentemente existe entre estas duas maneiras de sistematizar a Moral. Devendo os motivos teológicos oferecer naturalmente, aos olhos do crente, uma intensidade muito superior à de quaisquer outros, jamais poderiam transformar-se em simples auxiliares dos motivos puramente humanos e não podem conservar nenhuma eficácia real logo que deixam de dominar. Não existe, pois, nenhuma alternativa duradoura entre fundar enfim a moral no conhecimento positivo da Humanidade e deixá-la repousar na determinação sobrenatural: as convicções racionais puderam secundar as crenças teológicas, ou antes tomar gradualmente o seu lugar à medida que a fé se extinguiu; mas a combinação inversa não constitui certamente senão uma utopia contraditória, na qual o principal seria subordinado ao acessório.

Judiciosa observação do verdadeiro estado da sociedade moderna representa, pois, como cada vez mais desmentida pelo conjunto dos fatos diários, a pretensa impossibilidade de ser dispensável de agora em diante qualquer teologia para consolidar a Moral; porque essa perigosa ligação devia tornar-se desde o fim da Idade Média triplicentemente funesta à Moral, quer enervando ou desacreditando suas bases intelectuais, quer lhe suscitando perturbações diretas, quer impedindo sua melhor sistematização. Se, apesar de ativos princípios de desordem, a moralidade prática realmente melhorou, este feliz resultado não poderia ser atribuído ao espírito teológico, então degenerado, pelo contrário, em perigoso dissolvente: ele é devido, no mais alto grau, à ação do espírito positivo, já eficaz sob sua forma espontânea, que consiste no bom senso universal, cujas sábias inspirações secundaram o impulso natural de nossa civilização progressiva para combater utilmente as diversas aberrações, sobretudo as que emanavam das divagações religiosas. Quando, por exemplo, a teologia protestante tendia a alterar gravemente a instituição do casamento, pela consagração formal do divórcio, a razão pública neutralizava consideravelmente os seus funestos efeitos, impondo quase sempre o respeito prático dos costumes anteriores, únicos conformes ao verdadeiro caráter da sociabilidade moderna. Irrecusáveis experiências provaram, além disso, ao mesmo tempo, em vasta escala, no seio das massas populares, que o pretenso privilégio exclusivo das crenças religiosas de determinar grandes sacrifícios ou ativos devotamentos podia, de igual modo, pertencer a opiniões diretamente opostas, e aplicava-se, em geral, a toda convicção profunda, qualquer que seja a sua natureza. Os numerosos adversários do regime teológico que, há meio século, garantiram com tanto heroísmo nossa independência nacional contra a coligação retrógrada, não mostraram, sem dúvida, uma abnegação menos completa e menos constante do que os bandos supersticiosos que, no seio da França, auxiliaram a agressão exterior.

Para acabar de apreciar as atuais pretensões da filosofia teológico-metafísica de conservar a sistematização exclusiva da moral comum, basta encarar diretamente a doutrina perigosa e contraditória que o progresso inevitável da emancipação a forçou logo a estabelecer a esse respeito, consagrando por toda a parte, sob formas mais ou menos explícitas, uma espécie de hipocrisia coletiva, análoga à que se supõe, muito sem razão, ter sido habitual entre os antigos, embora ela só tenha comportado na antiguidade um êxito precário e passageiro. Não podendo impedir o livre desenvolvimento da razão moderna nos espíritos cultos, procurou-se, assim, obter deles, em vista do interesse público, o respeito aparente das antigas crenças, para que estas mantivessem, sobre o vulgo, a autoridade julgada indispensável. Esta transação sistemática não é por forma alguma peculiar aos jesuítas, ainda que constitua o fundo essencial de sua tática. O espírito protestante imprimiu-lhe também, a seu modo, uma consagração ainda mais íntima, mais extensa e sobretudo mais dogmática; os metafísicos propriamente ditos adotam-na tanto quanto os próprios teólogos; o maior dentre eles, embora sua alta moralidade fosse na verdade digna de sua eminente inteligência, foi arrastado a sancioná-la essencialmente, estabelecendo, de uma parte, que as opiniões teológicas não comportam nenhuma verdadeira demonstração, e, de outra parte, que a necessidade social obriga a indefinidamente manter-lhes o império. Apesar de poder semelhante doutrina tornar-se respeitável entre aqueles que lhe não acrescentam nenhuma ambição pessoal, não tende menos a viciar todas as fontes da moralidade humana, fazendo-a necessariamente repousar sobre um estado contínuo de falsidade, e mesmo de desprezo, dos superiores para com os inferiores. Enquanto os que deviam participar dessa dissimulação sistemática foram pouco numerosos, a sua prática foi possível, ainda que precária; mas tornou-se ainda mais ridícula do que odiosa quando a emancipação se estendeu bastante para que essa espécie de conspiração piedosa pudesse hoje abranger, como seria necessário, a maior parte dos espíritos ativos. Enfim, mesmo que se suponha realizada essa quimérica extensão, esse pretenso sistema deixa subsistir completamente a dificuldade a respeito das inteligências emancipadas cuja moralidade própria fica assim abandonada à sua pura espontaneidade, já exatamente reconhecida insuficiente na classe submissa. Se é preciso admitir também a necessidade de verdadeira sistematização moral para esses espíritos emancipados, ela só poderá repousar desde então sobre bases positivas, que finalmente serão assim julgadas indispensáveis. Quanto a limitar-lhe o destino à classe ilustrada, além de semelhante restrição não poder mudar a natureza dessa grande construção filosófica seria evidentemente ilusória numa época em que a cultura mental, que essa fácil libertação supõe, já se tornou muito comum, ou antes quase universal, pelo menos em França. Assim, o expediente empírico sugerido pelo vão desejo de manter, a todo custo, o antigo regime intelectual, só terá como resultado deixar a maior parte dos espíritos ativos desprovida de toda doutrina moral, como muito frequentemente acontece hoje.

III. Necessidade de um poder espiritual positivo

É, portanto, sobretudo em nome da Moral que cumpre doravante trabalhar ardentemente para constituir enfim o ascendente universal do espírito positivo, a fim de substituir um sistema decaído que, ora impotente, ora perturbador, exigiria cada vez mais a compressão mental como condição permanente da ordem moral. Só a nova filosofia pode estabelecer hoje, quanto aos nossos deveres, convicções profundas e ativas, verdadeiramente suscetíveis de sustentar com energia o choque das paixões. De acordo com a teoria positiva da Humanidade, irrecusáveis demonstrações, apoiadas sobre a imensa experiência que agora a nossa espécie possui, determinarão exatamente a influência real, direta ou indireta, privada e pública, peculiar a todo ato, a todo hábito e a todo pendor ou sentimento; que naturalmente resultarão, como outros tantos corolários inevitáveis, as regras de proceder, quer gerais, quer especiais, mais conformes à ordem universal e que, por conseguinte, deverão ser ordinariamente mais favoráveis à felicidade individual. Apesar da dificuldade deste grande assunto, ouso assegurar que, convenientemente tratado, comporta conclusões tão certas quanto as da própria Geometria. Não se pode, sem dúvida, esperar jamais tornar algum dia suficientemente acessíveis a todas as inteligências estas provas positivas de várias regras morais destinadas, entretanto, à vida comum; mas isso já acontece com as diversas prescrições matemáticas que, todavia, são aplicadas sem hesitação nas mais graves ocasiões, quando, por exemplo, nossos marinheiros arriscam diariamente sua existência, fiados em teorias astronômicas que absolutamente não conhecem. Por que igual confiança não seria concedida também a noções ainda mais importantes? É incontestável que a eficácia normal de semelhante regime exige, em cada caso, além de poderoso impulso resultante naturalmente dos preconceitos públicos, a intervenção sistemática, ora passiva, ora ativa, de uma autoridade espiritual, destinada a lembrar, com energia, as máximas fundamentais e a dirigir-lhes criteriosamente a aplicação, como expliquei de modo especial na obra já mencionada. Desempenhando, assim, a grande função social que o catolicismo não preenche mais, este novo poder moral cuidadosamente utilizará a feliz aptidão da filosofia correspondente para incorporar em si espontaneamente a sabedoria real dos diversos regimes anteriores, segundo a tendência ordinária do espírito positivo em relação a qualquer assunto. Quando a astronomia moderna afastou de modo irrevogável os princípios astrológicos, não deixou, contudo, de conservar preciosamente todas as noções verdadeiras obtidas sob o domínio desses princípios; o mesmo se deu com a Química em reação à alquimia.

CAPÍTULO 3
Surto do Sentimento Social

Sem poder empreender aqui a apreciação moral da filosofia positiva, cumpre, entretanto, assinalar a tendência contínua que, de modo direto, resulta de sua própria constituição, tanto científica como lógica, para estimular e consolidar o sentimento do dever, desenvolvendo sempre o espírito de conjunto que a ele se acha naturalmente ligado. Este novo regime mental dissipa espontaneamente a fatal oposição que, desde o fim da Idade Média, existe cada vez mais entre as necessidades intelectuais e as necessidades morais. Doravante, ao contrário, todas as especulações reais, convenientemente sistematizadas, concorrerão de modo contínuo para constituir, tanto quanto possível, a universal preponderância da Moral, pois o ponto de vista social há de tornar-se nelas necessariamente o laço científico e o regulador lógico de todos os outros aspectos positivos. É impossível que desenvolvendo familiarmente semelhante coordenação as ideias de ordem e harmonia, sempre ligadas à Humanidade, não tenda a moralizar profundamente, não só os espíritos de elite, como também a massa das inteligências, que deverão todas participar mais ou menos desta grande iniciação, por via de um sistema conveniente de educação universal.

I. O antigo regime moral é individual

Uma apreciação mais íntima e mais extensa, ao mesmo tempo prática e teórica, representa o espírito positivo como sendo, por sua natureza, o único suscetível de desenvolver diretamente o sentimento social, primeira base necessária de toda sã moral. O antigo regime mental não podia estimulá-la senão com o auxílio de penosos sacrifícios indiretos, cujo êxito real devia ser muito imperfeito, em vista da tendência essencialmente pessoal de semelhante filosofia, quando a sabedoria do sacerdócio não lhe neutralizava a influência espontânea. Esta necessidade é agora reconhecida, pelo menos empiricamente, quanto ao espírito metafísico propriamente dito, que não pôde nunca conduzir, em Moral, a nenhuma outra teoria efetiva a não ser o desastroso sistema de egoísmo, tão usado hoje, apesar de muitas declamações contrárias; mesmo as seitas ontológicas que protestaram seriamente contra semelhante aberração não a substituíram senão por vagas ou incoerentes noções, incapazes de eficácia prática. Uma tendência tão deplorável, e, contudo, tão constante, deve ter raízes mais profundas do que comumente se supõe. Ela resulta, com efeito, sobretudo da natureza necessariamente pessoal de semelhante filosofia que, limitada sempre à consideração do indivíduo, na realidade nunca pôde abranger o estudo da espécie, por uma consequência inevitável de seu vão princípio lógico, reduzido, em essência, à intuição propriamente dita, que não comporta evidentemente nenhuma aplicação coletiva. Suas fórmulas ordinárias apenas ingenuamente lhe traduzem o espírito fundamental; para cada um dos seus adeptos o pensamento dominante é sempre o do eu: quaisquer outras existências, mesmo humanas, são confusamente envolvidas em uma única concepção negativa e seu vago conjunto constitui o não-eu; a noção de nós não poderia achar aí nenhum lugar direto e distinto. Mas, examinando este assunto ainda mais profundamente, cumpre reconhecer que, a este respeito, como sob qualquer outro aspecto, a Metafísica deriva, tanto dogmática, como historicamente, da própria Teologia, da qual não podia jamais constituir senão uma modificação dissolvente. Com efeito, este caráter de personalidade constante pertence sobretudo, com uma energia mais direta, ao pensamento teológico, sempre preocupado, em cada crente, com interesses essencialmente individuais, cuja imensa preponderância absorve por força qualquer outra consideração, sem que o mais sublime devotamento lhe possa inspirar a verdadeira abnegação justamente considerada então como perigosa aberração. Somente a oposição frequente desses interesses quiméricos aos reais forneceu à sabedoria do sacerdócio poderoso meio de disciplina moral, que pôde, amiúde, impor, em proveito da sociedade, admiráveis sacrifícios, que, entretanto, só o eram em aparência, pois sempre se reduziam a prudente ponderação de interesses. Os sentimentos benévolos e desinteressados, peculiares à natureza humana, deveram, sem dúvida, manifestar-se através de tal regime, e mesmo, a certos respeitos, sob o seu impulso indireto; mas, embora a expansão desses sentimentos não tenha podido ser assim comprimida, deve seu caráter ter dele recebido grave alteração, que provavelmente ainda não nos permite conhecer-lhe plenamente a natureza e a intensidade, por falta de exercício próprio e direto. Há toda razão de presumir-se, aliás, que esse hábito contínuo de cálculos pessoais em relação aos mais caros interesses do crente desenvolveu no homem, mesmo a outros respeitos, por via de afinidade gradual, um excesso de circunspecção, de previdência, e, finalmente, de egoísmo, que sua organização fundamental não exigia, e por isto poderá um dia diminuir sob melhor regime moral. Seja ou não verdadeira esta conjetura, é incontestável ser o pensamento teológico, por sua natureza, essencialmente individual, e jamais diretamente coletivo. Aos olhos da fé teológica, sobretudo monoteica, a vida social não existe por falta de um destino que lhe seja próprio. A sociedade humana não pode então imediatamente oferecer senão uma simples aglomeração de indivíduos, cuja reunião é quase tão fortuita quanto passageira, cada um dos quais, ocupado com a sua própria salvação, não concebe participar na de outrem, a não ser como poderoso meio de merecer mais a sua, obedecendo às prescrições supremas que lhe impuseram tal dever. Merecerá sempre nossa respeitosa admiração a prudência sacerdotal que, sob o feliz impulso do instinto público, soube tirar, durante muito tempo, grande utilidade prática de uma filosofia tão imperfeita. Mas este justo reconhecimento não pode ir até o ponto de prolongar artificialmente o regime inicial além do seu destino provisório, quando chegou enfim a época de uma economia mais conforme com o conjunto de nossa natureza intelectual e afetiva.

II. O Espírito positivo é diretamente social

O espírito positivo, ao contrário, é diretamente social, tanto quanto possível e sem nenhum esforço, em virtude mesmo da sua realidade característica. Para ele, o homem propriamente dito não existe, só pode existir a Humanidade, pois todo nosso desenvolvimento é devido à sociedade, sob qualquer aspecto que o encaremos. Se a idéia de sociedade parece ainda uma abstração de nossa inteligência, é sobretudo em virtude do antigo regime filosófico; porque, a dizer verdade, é a ideia de indivíduo que pertence semelhante caráter, pelo menos em nossa espécie. O conjunto da nova filosofia tenderá sempre a fazer sobressair, tanto na vida ativa como na especulativa, a ligação de cada um a todos, sob uma série de aspectos diversos, de modo a tornar involuntariamente familiar o sentimento íntimo da solidariedade social, convenientemente estendida a todos os tempos e a todos os lugares. Não somente a ativa preocupação do bem público será sempre representada como a maneira mais conveniente de assegurar a felicidade privada; mas, por uma influência, ao mesmo tempo mais direta e mais pura, enfim mais eficaz, o exercício tão completo quanto possível dos pendores generosos se tornará a principal fonte da felicidade pessoal, mesmo quando não deva excepcionalmente proporcionar outra recompensa além de inevitável satisfação interior. Se, realmente, como não se poderia duvidar, a felicidade resulta sempre de criteriosa atividade, deve ela depender principalmente dos instintos simpáticos, embora nossa organização lhes não conceda ordinariamente preponderante energia. É claro que os sentimentos benévolos são os únicos que podem desenvolver-se com inteira liberdade no estado social que, abrindo-lhes um campo indefinido, os estimula cada vez mais, ao passo que exige necessariamente certa compressão permanente dos impulsos pessoais, cujo surto espontâneo suscitaria conflitos contínuos. Nesta vasta expansão social, todos encontrarão a satisfação normal do desejo de se eternizar, que não podia antes ser satisfeito senão com o auxílio de ilusões doravante incompatíveis com a nossa evolução mental. Não podendo mais prolongar-se senão pela espécie, o indivíduo será, assim, arrastado a incorporar-se nela o mais completamente possível, ligando-se profundamente a toda a sua existência coletiva, não só atual, mas também passada, e sobretudo futura, de modo a obter toda a intensidade de vida que comporta, em cada caso, o conjunto das leis reais. Esta grande identificação poderá tornar-se tanto mais íntima e mais bem sentida quanto a nova filosofia designa necessariamente para as duas sortes de vida um mesmo destino fundamental e uma única lei de evolução, que consiste sempre, seja para o indivíduo, seja para a espécie, na progressão contínua, cujo fim principal foi acima caracterizado, isto é, a tendência a fazer prevalecer, de um e de outro lado, tanto quanto possível, o atributo humano, ou a combinação da inteligência com a sociabilidade, sobre a animalidade propriamente dita. Não sendo desenvolvíveis quaisquer de nossos sentimentos a não ser por um exercício direto e prolongado, tanto mais indispensável quanto são menos enérgicos no princípio, seria supérfluo insistir mais aqui junto de quem quer que possua, mesmo empiricamente, verdadeiro conhecimento do homem, para demonstrar a superioridade necessária do espírito positivo sobre o antigo espírito teológico-metafísico, quanto ao desenvolvimento próprio e ativo do instinto social. Esta preeminência é de uma natureza por tal forma sensível que, sem dúvida, a razão pública as reconhecerá suficientemente, muito tempo antes de terem as instituições correspondentes podido tornar efetivas, como convém, suas felizes propriedades.

PARTE III

CONDIÇÕES DO ADVENTO DA ESCOLA POSITIVA

(Aliança dos Proletários e dos Filósofos)

CAPÍTULO 1
Instituição de um Ensino Popular Superior

I. Correlações entre a propagação das noções positivas e as disposições do meio atual

De acordo com o conjunto das indicações precedentes, a superioridade espontânea da nova filosofia sobre cada uma das que hoje disputam entre si o predomínio se acha agora tão plenamente caracterizada sob o aspecto social, como o era já sob o ponto de vista social, tanto pelo menos quanto o comporta este Discurso, e salvo a faculdade indispensável de recorrer à obra citada. Terminando esta sumária apreciação, importa notar aqui a feliz correlação que se estabelece naturalmente entre semelhante espírito filosófico e as disposições, sábias mas empíricas, que a experiência contemporânea faz doravante prevalecer, mais é mais, tanto entre os governados como entre os governantes. Substituindo diretamente uma estéril agitação política por um imenso movimento mental, a escola positiva explica e sanciona, em virtude de um exame sistemático, a indiferença ou a repugnância que, em plena concordância, a razão pública e a prudência dos governos manifestam hoje por toda séria elaboração direta das instituições propriamente ditas. Na época atual, por falta de uma base racional suficiente e enquanto durar a anarquia intelectual, elas não podem ter uma existência eficaz senão com um caráter puramente provisório ou transitório. Destinada a dissipar enfim esta desordem fundamental, pelas únicas vias que a possam dominar, esta nova escola carece, antes de tudo, da manutenção contínua da ordem material, tanto interna como externa, sem a qual nenhuma grave meditação social poderia ser convenientemente acolhida ou mesmo suficientemente elaborada. Ela tende, pois, a justificar e secundar a preocupação muito legítima que hoje inspira por toda a parte o único grande resultado político imediatamente compatível com a situação atual, a qual, além disso, lhe proporciona um valor especial pelas graves dificuldades que lhe suscita, pondo sempre o problema, insolúvel com o decorrer do tempo, de manter uma certa ordem política no meio de profunda desordem moral. Além dos seus trabalhos para o futuro, a escola positiva associa-se imediatamente a esta importante operação por sua tendência direta a desacreditar radicalmente as diversas escolas atuais, preenchendo, desde já, melhor do que cada uma delas, os ofícios opostos que ainda lhes restam, e que só ela combina espontaneamente de modo a mostrar-se dentro em breve mais orgânica do que a escola teológica e mais progressiva do que a escola metafísica, sem jamais poder comportar os perigos de retrogradação ou de anarquia que lhes são respectivamente peculiares. Desde que os governos renunciaram, embora de modo implícito, a toda restauração séria do passado e as populações a toda grave destruição das instituições, a nova filosofia não tem mais a pedir a ambos senão as disposições habituais que todos estão, no fundo, preparados para lhe conceder (pelo menos em França, onde se deve realizar, em primeiro lugar, a elaboração sistemática), isto é, liberdade e atenção. Sob estas condições naturais, tende a escola positiva, por um lado, a consolidar todos os poderes atuais nas mãos de seus possuidores, quaisquer que sejam, e, por outro, a impor-lhes obrigações morais cada vez mais conformes às verdadeiras necessidades dos povos.

Estas disposições incontestáveis parecem a princípio não dever deixar hoje à nova filosofia outros obstáculos essenciais a não ser os provenientes da incapacidade ou da negligência dos seus diversos promotores. Mas uma apreciação mais amadurecida mostra, ao contrário, que deve encontrar enérgicas resistências da parte de quase todos os espíritos agora ativos, em virtude mesmo da difícil renovação que deles exigiria para associá-los diretamente à sua principal elaboração. Se esta inevitável oposição devesse limitar-se aos espíritos essencialmente teológicos ou metafísicos, ofereceria pequena gravidade real, porque lhe restaria o poderoso apoio daqueles que se acham especialmente entregues aos estudos positivos e cujo número e influência crescem diariamente. Mas, por uma fatalidade facilmente explicável, é destes mesmos que a nova escola deve talvez esperar menos assistência e mais embaraços: uma filosofia diretamente emanada das ciências há de achar provavelmente seus mais perigosos inimigos entre aqueles que as cultivam hoje. A principal origem deste deplorável conflito consiste na especialização cega e dispersiva que caracteriza profundamente o espírito científico atual, em virtude de sua formação necessariamente parcial, conforme a complicação crescente dos fenômenos estudados, como adiante o indicarei de modo expresso. Esta marcha provisória, que uma perigosa rotina acadêmica se esforça hoje por eternizar, sobretudo entre os geômetras, desenvolve a verdadeira positividade, em cada inteligência, somente em relação a uma pequena parte do sistema mental, e deixa todo o resto sob um vago regime teológico-metafísico, ou o abandona a um empirismo ainda mais opressivo, de sorte que o genuíno espírito positivo, que corresponde ao conjunto dos diversos trabalhos científicos, não pode, no fundo, ser plenamente compreendido por nenhum daqueles que assim naturalmente o prepararam. Mais e mais entregues a esta inevitável tendência, os cientistas propriamente ditos são ordinariamente conduzidos em nosso século a uma invencível aversão a toda ideia geral e a uma completa impossibilidade de realmente apreciar qualquer concepção filosófica. Sentirá, aliás, melhor a gravidade de semelhante oposição, observando que, oriunda dos hábitos mentais, estendeu-se em seguida até os diversos interesses correspondentes, que nosso regime científico liga profundamente, especialmente em França, a esta desastrosa especialidade, como o demonstrei com o maior cuidado na obra citada. Assim, a nova filosofia, que exige diretamente o espírito de conjunto, e que faz prevalecer para sempre a ciência nascente do desenvolvimento social sobre todos os estudos hoje constituídos, há de encontrar profunda antipatia, a um tempo ativa e passiva, nos preconceitos e nas paixões da única classe que lhe poderia oferecer diretamente um ponto de apoio especulativo e do qual não deve esperar durante muito tempo senão simples adesões individuais, além de mais raras aí do que em qualquer outra parte.[6]

[6] Esta preponderância empírica do espírito de minúcia na maior parte dos cientistas atuais e sua cega antipatia por toda e qualquer generalização acham-se muito agravadas, especialmente na França, por sua reunião habitual em academias, onde os diversos preconceitos analíticos se fortificam mutuamente, e onde, além disto, muito frequentemente se desenvolvem interesses abusivos, aí se organizando uma espécie de insurreição permanente contra o regime sintético que deve prevalecer de agora em diante. O instinto de progresso que caracterizava, há cerca de meio século, o gênio revolucionário, havia confusamente sentido estes perigos essenciais, de modo a determinar a supressão direta

II. Universalidade necessária deste ensino

Para vencer convenientemente este concurso espontâneo de resistências diversas que lhe apresenta hoje a massa especulativa propriamente dita, a escola positiva não poderia achar outro recurso geral senão organizar um apelo direto e contínuo ao bom senso universal, esforçando-se daqui por diante em propagar sistematicamente, na massa ativa, os principais estudos científicos próprios para aí constituírem a base indispensável de sua grande elaboração filosófica. Estes estudos preliminares, naturalmente dominados até aqui pelo espírito de especialidade empírica que preside às ciências correspondentes, são sempre concebidos e dirigidos como se cada um deles devesse especialmente preparar para certa profissão exclusiva, o que interdiz evidentemente a possibilidade, mesmo entre aqueles que tenham mais lazer, de jamais abraçar vários deles, ou pelo menos tantos quantos o exija a formação posterior de sãs concepções gerais. Mas não pode mais ser assim, quando semelhante instrução é destinada de modo direto à educação universal, que lhe muda necessariamente o caráter e a direção apesar de qualquer tendência contrária. O público, com efeito, que não quer tornar-se nem geômetra, nem astrônomo, nem químico, etc., experimenta continuamente a necessidade

dessas companhias atrasadas, que, convindo somente à elaboração preliminar do espírito positivo, se tornavam cada vez mais hostis à sua sistematização final. Embora esta audaciosa medida, em geral tão mal julgada, fosse então prematura, porque esses graves inconvenientes não podiam ainda ser assaz reconhecidos, é, contudo, certo que essas corporações científicas já haviam realizado o principal ofício que sua natureza comportava: depois de restaurada, sua influência real foi, no fundo, muito mais nociva do que útil à marcha atual da grande evolução mental.

simultânea de todas as ciências fundamentais, reduzidas, cada uma, às suas noções essenciais: ele precisa, segundo a expressão muito notável do nosso grande Molière, luzes acerca de tudo. Esta simultaneidade necessária não existe para o público apenas quando considera esses estudos, em seu destino abstrato e geral, como única base racional do conjunto das concepções humanas: ele a encontra ainda, embora menos diretamente, até nas diversas aplicações concretas, cada uma das quais, no fundo, em vez de referir-se exclusivamente a determinado ramo da filosofia natural, depende também, mais ou menos, de todos os outros. Assim, a universal propagação dos principais estudos positivos não é somente destinada hoje a satisfazer uma necessidade já muito pronunciada no público, que sente, além do mais, não serem as ciências reservadas exclusivamente aos sábios, existindo sobretudo para ele mesmo. Por uma feliz reação espontânea, semelhante destino, quando for convenientemente desenvolvido, deverá melhorar por completo o espírito científico atual, despojando-o de sua especialidade cega e dispersiva, para fazê-lo adquirir, pouco a pouco, o verdadeiro caráter filosófico indispensável à sua principal missão. Este caminho é mesmo o único que possa, em nossos dias, constituir gradualmente, fora da classe especulativa propriamente dita, um vasto tribunal espontâneo, tão imparcial como irrecusável, formado pela massa dos homens sensatos, tribunal diante do qual virão extinguir-se, de modo irrevogável, muitas opiniões científicas falsas, que as vistas peculiares à elaboração preliminar dos dois últimos séculos misturaram profundamente às doutrinas verdadeiramente positivas, que serão por elas submetidas ao bom senso universal. Numa época em que não se deve esperar eficácia imediata senão de medidas sempre provisórias, bem adaptadas à nossa situação transitória, a organização necessária de semelhante ponto de apoio geral para o conjunto dos trabalhos filosóficos, constitui, aos meus olhos, o principal resultado social que possa produzir agora a inteira vulgarização dos conhecimentos reais: o público prestará, assim, à nova escola serviços plenamente equivalentes aos que esta organização há de proporcionar-lhe.

Este grande resultado não poderia ser satisfatoriamente obtido se semelhante ensino ininterrupto fosse destinado a uma única classe, embora muito extensa: é preciso ter-se nele sempre em vista, sob pena de aborto, a completa universalidade das inteligências. No estado normal, que este movimento deve preparar, todas experimentarão sempre, sem nenhuma exceção, nem distinção, a mesma necessidade fundamental desta filosofia primeira, que resultou do conjunto das noções reais, e deve tornar-se então a base sistemática da sabedoria humana, tanto ativa como especulativa, a fim de preencher mais convenientemente a indispensável missão social que dependia outrora da instrução cristã universal. É, pois, muito importante que, desde a sua origem, a nova escola filosófica desenvolva, tanto quanto possível, este grande caráter elementar de universalidade social, que, finalmente relativo ao seu principal destino, constituirá hoje sua maior força contra as diversas resistências que deve encontrar.

III. Destino essencialmente popular deste ensino

A fim de assinalar melhor esta tendência necessária, uma íntima convicção, a princípio intuitiva, depois sistemática, me determinou, há muito, a representar sempre o ensino exposto neste Tratado como sendo dirigido principalmente à classe mais numerosa, que nossa situação deixa desprovida de toda instrução regular, em consequência do desuso crescente da instrução puramente teológica que, substituída provisoriamente, só para os letrados, por uma certa instrução metafísica e literária, não pôde receber, sobretudo na França, nenhum equivalente análogo para a massa popular. A importância e a novidade de semelhante disposição constante, meu vivo desejo de que seja convenientemente apreciada, e mesmo, se ouso dizê-lo, imitada, obriga-me a indicar aqui os principais motivos deste contato especial que a nova escola filosófica deve, assim, instituir hoje com os proletários, sem que todavia o seu ensino exclua jamais qualquer outra classe. É fácil reconhecer, em geral, que quaisquer que sejam os obstáculos que a falta de zelo ou de elevação possa realmente acarretar, de um e de outro lado, a tal aproximação, a parte da sociedade atual que corresponde ao povo propriamente dito deve ser, no fundo, entre todas as outras, a mais bem disposta, pelas tendências e necessidades que resultam de sua ação característica, a acolher favoravelmente a nova filosofia, que deve enfim nela achar seu principal apoio, tanto mental como social.

Uma primeira consideração que importa aprofundar, embora sua natureza seja sobretudo negativa, resulta, a este respeito, de uma judiciosa apreciação do que, à primeira vista, parece apresentar grave dificuldade, isto é, a ausência atual de toda cultura especulativa. Sem dúvida é lamentável, por exemplo, que este ensino popular de filosofia astronômica ainda não encontre entre todos aos quais especialmente se destina, alguns conhecimentos matemáticos preliminares, que deviam torná-lo ao mesmo tempo mais eficaz e mais fácil e cuja existência sou mesmo forçado a supor. Mas a mesma lacuna se encontraria também na maior parte das outras classes atuais, nesta época em que a instrução positiva se acha limitada, na França, a certas profissões especiais que se ligam essencialmente à Escola Politécnica ou às escolas de medicina. Não é, portanto, isso uma falha verdadeiramente peculiar aos nossos proletários.

Quanto a lhes faltar habitualmente esta espécie de cultura regular que as classes letradas hoje recebem, não temo cair em exagero filosófico, afirmando resultar daí, para os espíritos populares, notável vantagem, em vez de real inconveniente. Sem voltar aqui a uma crítica infelizmente demasiado fácil, assaz elaborada desde muito tempo e que a experiência diária confirma, cada vez mais, aos olhos da maior parte dos homens sensatos, seria difícil conceber agora uma preparação mais irracional e, no fundo, mais perigosa à conduta ordinária da vida real, quer ativa, quer mesmo especulativa, do que a resultante desta vã instrução composta primeiro de palavras, depois de entidades, onde se perdem ainda tantos anos preciosos de nossa juventude. À maior parte daqueles que a recebem, ela não inspira, doravante, senão um desgosto quase insuperável relativamente a qualquer trabalho intelectual, durante toda a duração de sua carreira. Seus perigos tornam-se, porém, muito mais graves para aqueles que a ela se entregam mais especialmente. A inaptidão para a vida real, o desdém pelas profissões vulgares, a incapacidade de convenientemente apreciar qualquer concepção positiva, e a antipatia que daí logo resulta, frequentemente os dispõe hoje a secundar estéril agitação metafísica que inquietas pretensões pessoais, desenvolvidas por essa desastrosa educação, não tardam a tornar politicamente perturbadora, sob a influência direta de viciosa erudição histórica, que, fazendo prevalecer uma falsa noção do tipo social peculiar à antiguidade, comumente impede compreender a sociabilidade moderna. Considerando que quase todos os que, a diversos respeitos, dirigem os negócios humanos, foram para tal fim assim preparados, não nos pode causar surpresa a vergonhosa ignorância que amiúde manifestam sobre os assuntos mais insignificantes, mesmo materiais, nem sua frequente disposição a desprezar o fundo pela forma, colocando acima de tudo a arte de bem dizer, por mais contraditória ou perniciosa que se torne a sua aplicação, nem também nos pode surpreender a tendência especial das nossas classes letradas a acolher avidamente todas as aberrações que diariamente surjam de nossa anarquia mental. Semelhante apreciação dispõe-nos, ao revés, a admirar que esses diversos desastres não sejam ordinariamente mais extensos; conduz-nos também a admirar profundamente a retidão e a sabedoria naturais do homem, que sob o feliz impulso peculiar ao conjunto de nossa civilização, neutraliza espontaneamente, em grande parte, essas perigosas consequências de um absurdo sistema de educação geral. Tendo sido este sistema, desde o fim da Idade Média, como o é ainda, o principal ponto de apoio social do espírito metafísico, quer primeiro contra a Teologia, quer, em seguida, também contra a ciência, concebe-se facilmente que as classes que não pôde envolver, devem achar-se por isto mesmo muito menos afetadas por essa filosofia transitória e desde então mais bem dispostas ao estado positivo. Ora, tal é a importante vantagem que a ausência de educação escolástica proporciona hoje aos nossos proletários e os torna, no fundo, menos acessíveis do que a maior parte dos letrados aos diversos sofismas perturbadores, de conformidade com a experiência diária, apesar de contínua excitação, sistematicamente dirigida às paixões relativas à sua condição social. Eles deveriam ser outrora dominados a fundo pela teologia especialmente católica; mas, durante sua emancipação mental (havendo a Metafísica apenas deslizado sobre eles, por não ter neles encontrado a cultura especial sobre a qual ela repousa) só a filosofia positiva poderá, de novo, deles apoderar-se radicalmente. As condições preliminares, tão recomendadas pelos primeiros pais desta filosofia final, devem achar-se aí mais bem preenchidas do que em qualquer outra parte: se a célebre tábua rasa de Bacon e de Descartes fosse jamais plenamente realizável, seria por certo entre os proletários atuais que, principalmente na França, estão muito mais próximos do que qualquer outra classe do tipo ideal dessa disposição preparatória para a positividade racional.

Examinando sob um aspecto mais íntimo e mais duradouro esta inclinação natural das inteligências populares para a sã filosofia, reconhece-se facilmente que ela deve resultar da solidariedade fundamental que, segundo as nossas explicações anteriores, liga diretamente o verdadeiro espírito filosófico ao bom senso universal, sua primeira fonte necessária. Este bom senso, com efeito, tão justamente preconizado por Descartes e por Bacon, deve achar-se hoje mais puro e mais enérgico entre as classes inferiores, em virtude mesmo desta feliz falta de cultura escolástica que as torna menos acessíveis aos hábitos vagos ou sofísticos; mas a esta diferença passageira, que será gradualmente dissipada por melhor educação das classes letradas, é preciso juntar uma outra, necessariamente permanente, relativa à influência mental das diversas funções sociais peculiares às duas ordens de inteligências, conforme o caráter respectivo de seus trabalhos habituais. Desde que a ação real da Humanidade sobre o mundo exterior começou a organizar--se espontaneamente entre os modernos, exigiu a combinação contínua de duas classes distintas, muito desiguais em número, mas igualmente indispensáveis: de um lado os empresários propriamente ditos, sempre pouco numerosos que, possuindo os diversos materiais convenientes, entre os quais o dinheiro e o crédito, dirigem o conjunto de cada operação, assumindo desde então a principal responsabilidade de quaisquer resultados; de outro lado os operadores diretos, vivendo de um salário periódico e formando a imensa maioria dos trabalhadores que executam, com uma espécie de intenção abstrata, os diversos atos elementares, sem se preocuparem especialmente com o seu concurso final.

Estes últimos são os únicos a entrar em ação imediata sobre a natureza, ao passo que os primeiros lidam principalmente com a sociedade. Como consequência necessária destas diversidades fundamentais, a eficácia especulativa que reconhecemos inerente à vida industrial para desenvolver, de modo involuntário o espírito positivo, deve em geral fazer-se sentir melhor entre os operadores do que entre os empresários; porque seus trabalhos próprios oferecem um caráter mais simples, um fim, mais nitidamente determinado, resultados mais próximos e condições mais imperiosas. A escola positiva deverá, pois, achar neles naturalmente um acesso mais fácil para o seu ensino universal e uma simpatia mais viva pela sua renovação filosófica, quando puder convenientemente penetrar nesse vasto meio social. Há de encontrar aí, ao mesmo tempo, afinidades morais não menos preciosas do que estas harmonias mentais, em consequência do comum desinteresse material que espontaneamente aproxima nossos proletários da verdadeira classe contemplativa, pelo menos quando esta houver adquirido enfim os costumes correspondentes ao seu destino social. Esta feliz disposição, tão favorável à ordem universal como à verdadeira felicidade pessoal, há de granjear um dia grande importância normal, em virtude da sistematização das relações gerais que devem existir entre estes dois elementos extremos da sociedade positiva. Mas desde já ela pode facilitar essencialmente sua união nascente, aproveitando a pouca folga que as ocupações diárias deixam aos nossos proletários para sua instrução especulativa. Se, em alguns casos excepcionais de extrema sobrecarga, esse contínuo obstáculo parece, com efeito, dever impedir todo desenvolvimento mental, ele é ordinariamente compensado por este caráter de judiciosa imprevidência que, em cada interrupção natural dos trabalhos obrigatórios, concede ao espírito uma plena disponibilidade. O verdadeiro lazer não deve faltar habitualmente senão à classe que acredita possuí-lo especialmente; porque, em razão mesmo de sua riqueza e de sua posição, ela se acha comumente preocupada por ativas inquietações, que jamais comportam verdadeira calma intelectual e moral. Este estado deve ser fácil, ao contrário, quer aos pensadores, quer aos operários, em virtude de sua comum isenção espontânea dos cuidados relativos ao emprego dos capitais, sem falar na regularidade natural da sua vida diária.

É, pois, entre os proletários, logo que estas tendências mentais e morais tiverem convenientemente atuado, que se há de realizar, com mais eficácia, a universal propagação do ensino positivo, condição indispensável ao termo gradual da renovação filosófica. É também entre eles que o caráter contínuo de semelhante estudo poderá tornar-se mais puramente especulativo, porque se achará aí mais isento das vistas interessadas que lhe aplicam, mais ou menos diretamente, as classes superiores, quase sempre preocupadas com cálculos ávidos ou ambiciosos. Depois de ter procurado neste estudo o fundamento universal de toda a sabedoria humana, eles virão extrair nele, como nas belas-artes, agradável diversão habitual ao conjunto de suas fadigas diárias. Devendo sua inevitável condição social tornar-lhes muito mais preciosa semelhante diversão, quer científica, quer estética, seria estranho que as classes dirigentes quisessem ver nisso, ao contrário, um motivo fundamental para os conservar privados dela, recusando-lhes sistematicamente a única satisfação que possa ser concedida de modo indefinido àqueles mesmos que devem renunciar criteriosamente aos gozos menos suscetíveis de uma participação comum. Para justificar semelhante recusa, amiúde ditada pelo egoísmo e pela irreflexão, objeta-se algumas vezes, é verdade, que esta vulgarização especulativa tenderia a agravar profundamente a desordem contemporânea por desenvolver a funesta disposição, já muito pronunciada, à universal mudança de classes. Mas este temor natural, única objeção séria que, a semelhante respeito, mereça uma verdadeira discussão, resulta hoje, na maioria dos casos em que há boa-fé, de irracional confusão da instrução positiva, a um tempo estética e científica, com a instrução metafísica e literária, única atualmente organizada. Esta, que já reconhecemos exercer, de fato, uma ação social muito perturbadora sobre as classes letradas, se tornaria muito mais perigosa se a estendêssemos aos proletários, nos quais desenvolveria, além do desgosto pelas ocupações materiais, exorbitantes ambições. Mas, felizmente, eles em geral estão ainda menos dispostos a pedi-la do que as classes dirigentes a concedê-la. Os estudos positivos, porém, sabiamente concebidos e convenientemente dirigidos, de maneira alguma comportam semelhante influência: aliando-se e aplicando-se, por sua natureza, a todos os trabalhos práticos, tendem, pelo contrário, a confirmar ou mesmo a inspirar o gosto por eles, seja enobrecendo-lhes o caráter habitual, seja amenizando-lhes as penosas consequências. Conduzindo, além disto, a sã apreciação das diversas posições sociais e das necessidades correspondentes, os estudos positivos dispõem a sentir que a felicidade real é compatível com quaisquer condições, contanto que sejam honrosamente preenchidas e razoavelmente aceitas. A filosofia geral que resulta desses estudos representa o homem, ou antes a Humanidade, como o primeiro entre os seres conhecidos, destinado, pelo conjunto das leis reais, a aperfeiçoar sempre, tanto quanto possível, e a todos os respeitos, a ordem natural, ao abrigo de toda inquietação quimérica, o que tende a exaltar, em alto grau, o ativo sentimento universal da dignidade humana. Ao mesmo tempo ela modera espontaneamente o orgulho demasiadamente exaltado que esse sentimento poderia suscitar, mostrando, sob todos os aspectos, e com familiar evidência, quanto devemos ficar continuamente abaixo do fim e do tipo assim caracterizados, quer na vida ativa, quer mesmo na vida especulativa, onde se sente quase a cada passo que nossos mais sublimes esforços não podem nunca vencer senão fraca porção das dificuldades fundamentais.

Apesar da alta importância dos diversos motivos precedentes, considerações ainda mais poderosas, oriundas das necessidades coletivas peculiares à condição social dos proletários, hão de determinar as inteligências populares, movidas pelo seu ardor contínuo relativo à universal propagação dos estudos reais, a secundar hoje a ação filosófica da escola positiva. Semelhantes considerações podem ser assim resumidas: não pôde até aqui existir uma política especialmente popular e só a nova filosofia pode constituí-la.

CAPÍTULO 2
Instituição de uma Política Especialmente Popular

I. A política popular, sempre social, deve tornar-se sobretudo moral

Desde o começo da grande crise moderna o povo não interveio ainda nas principais lutas políticas senão como simples auxiliar, com a esperança, sem dúvida, de obter, assim, alguns melhoramentos de sua situação geral, mas não segundo vistas e objetivos que lhe fossem realmente próprios. Todos os debates habituais ficaram essencialmente concentrados nas diversas classes superiores ou médias, porque se referiam sobretudo à posse do poder. Ora, o povo não podia, durante muito tempo, interessar-se diretamente por tais conflitos, pois a natureza de nossa civilização impede que os operários esperem e mesmo desejem qualquer participação importante no poder político propriamente dito. Também, depois que tiverem essencialmente obtido todos os resultados sociais que podiam esperar da substituição provisória dos metafísicos e dos legistas à antiga preponderância política das classes sacerdotais e feudais, tornam-se eles hoje, além do mais, indiferentes ao estéril prolongamento dessas lutas cada vez mais miseráveis, doravante reduzidas a vãs rivalidades pessoais. Quaisquer que sejam os esforços diários da agitação metafísica para fazê-los intervir nesses frívolos debates, pelo engodo dos chamados direitos políticos, o instinto popular já compreendeu, especialmente na França, quanto seria ilusória ou pueril a posse de semelhante privilégio, que, mesmo no seu grau atual de disseminação, não inspira habitualmente nenhum interesse verdadeiro à maior parte daqueles que o gozam com exclusividade. O povo não pode interessar-se essencialmente senão pelo emprego efetivo do poder, quaisquer que sejam as mãos em que resida, e não pela sua conquista especial. Logo que as questões políticas, ou, antes, daqui por diante, sociais, se referirem ordinariamente à maneira pela qual o poder deve ser exercido para atingir melhor seu destino geral, sobretudo relativo, entre os modernos, à massa proletária, não se tardará a reconhecer que o desdém atual não é de modo algum o resultado de uma perigosa indiferença: até lá a opinião popular ficará estranha a esses debates, que aumentando, aos olhos dos bons espíritos, a instabilidade de todos os poderes, tendem especialmente a retardar essa indispensável transformação. Em uma palavra, o povo está, naturalmente disposto a desejar que a vã e tempestuosa discussão dos direitos seja, enfim, substituída por fecunda e salutar apreciação dos diversos deveres essenciais, quer gerais, quer especiais. Tal é o princípio espontâneo da íntima conexão, que, sentida cedo ou tarde, há de necessariamente ligar o instinto popular à ação social da filosofia positiva; porque esta grande transformação, acima motivada pelas mais altas considerações especulativas, equivale evidentemente à do movimento político em simples movimento filosófico, cujo primeiro e principal resultado social consistirá, com efeito, em estabelecer solidamente uma ativa moral universal, que prescreva a cada agente, individual ou coletivo, regras de proceder mais conformes à harmonia fundamental. Quanto mais se meditar sobre esta relação natural, mais se reconhecerá que essa mudança decisiva, que só podia emanar do espírito positivo, não pode encontrar hoje sólido apoio senão no povo propriamente dito, único disposto a bem compreendê-lo e por ele profundamente interessar-se. Os preconceitos e as paixões peculiares às classes superiores ou médias impedem que elas sintam logo suficientemente tal transformação, porque devem habitualmente preocupar-se mais com as vantagens peculiares à posse do poder do que com os perigos resultantes do seu vicioso exercício. Se o povo é hoje e deve, doravante, permanecer indiferente à posse direta do poder político, não pode nunca renunciar à sua indispensável participação contínua no poder moral, que, único verdadeiramente acessível a todos, sem nenhum perigo para a ordem universal, antes de grande vantagem cotidiana para ela, autoriza cada um a lembrar convenientemente aos mais altos poderes o cumprimento de seus diversos deveres essenciais, em nome de uma doutrina fundamental comum. Na verdade, os preconceitos inerentes ao estado transitório ou revolucionário acharam também alguma acolhida entre os nossos proletários; entretêm neles, de fato, ilusões prejudiciais sobre o alcance indefinido das medidas políticas propriamente ditas e impedem que apreciem quanto a justa satisfação dos grandes interesses populares, que depende hoje mais das opiniões e dos costumes do que das próprias instituições, cuja verdadeira regeneração, atualmente impossível, exige antes de tudo a reorganização espiritual. Mas podemos assegurar que a escola positiva terá muito mais facilidade em fazer penetrar este salutar ensino nos espíritos populares do que em quaisquer outros, seja porque a metafísica negativa não pôde enraizar-se tanto neles, seja sobretudo pelo impulso constante das necessidades sociais peculiares à sua situação necessária. Estas necessidades se referem essencialmente a duas condições fundamentais, uma espiritual, outra temporal, de natureza profundamente conexa: trata-se, com efeito, de assegurar de modo conveniente, a todos, primeiro a educação normal, em seguida o trabalho regular; tal é, no fundo, o verdadeiro programa social dos proletários. Não pode mais haver verdadeira popularidade senão para a política que necessariamente tender para esse duplo destino. Ora, tal é evidentemente o caráter espontâneo da doutrina social própria à nova escola filosófica; nossas explicações anteriores devem dispensar aqui, a este respeito, qualquer outro esclarecimento, aliás reservado ao trabalho tão frequentemente indicado neste Discurso. Importa somente acrescentar, sobre este assunto, que a concentração de nossos pensamentos e de nossa atividade sobre a vida real da Humanidade, afastando toda vã ilusão, há de tender especialmente a tornar muito mais forte a adesão moral e política do povo propriamente dito à verdadeira filosofia moderna. Com efeito, o seu judicioso instinto logo perceberá nesta um novo e poderoso motivo de dirigir sobretudo a prática social para o criterioso e contínuo melhoramento da sua própria condição geral. Ao contrário, as quiméricas esperanças inerentes à antiga filosofia teológica conduziram demasiadas vezes a desdenhar tais progressos ou afastá-los por uma espécie de adiamento contínuo, em virtude da mínima importância relativa que naturalmente devia deixar-lhes essa eterna perspectiva, imensa compensação espontânea de quaisquer misérias.

II. Natureza da participação do governo na propagação das noções positivas

Esta sumária apreciação basta agora para assinalar, sob os diversos aspectos essenciais, a afinidade necessária das classes inferiores relativamente à filosofia positiva, a qual, logo que o contato puder plenamente estabelecer-se, nelas achará seu principal apoio natural, a um tempo mental e social, enquanto a filosofia teológica não convém mais senão às classes superiores, cuja preponderância política ela tende a eternizar, assim como a filosofia metafísica se dirige sobretudo às classes médias, cuja ativa ambição secunda. Todo espírito meditativo deve assim acabar por compreender a importância verdadeiramente fundamental que apresenta hoje uma criteriosa divulgação sistemática dos estudos positivos, destinada essencialmente aos proletários, a fim de preparar entre eles uma sã doutrina social. Os diversos observadores que se podem libertar, mesmo momentaneamente, do turbilhão diário, concordam agora em deplorar, e certamente com muita razão, a anárquica influência que os sofistas e retóricos exercem em nossos dias. Mas essas justas queixas serão inevitavelmente vãs até que se sinta melhor a necessidade de sair enfim de uma situação mental onde a educação oficial não pode terminar ordinariamente senão por formar sofistas e retóricos, que tendem, em seguida, através do tríplice ensino emanado dos jornais, dos romances e dos dramas, a propagar o mesmo espírito entre as classes inferiores, que a nenhuma instrução regular garante do contágio metafísico, repelido somente pela sua razão natural. Embora se deva esperar, a este título, que os governos atuais perceberão logo quanto a universal propagação dos conhecimentos reais pode secundar cada vez mais seus esforços contínuos para a manutenção da ordem indispensável, não devemos, contudo, esperar deles, nem mesmo desejar, uma cooperação verdadeiramente ativa nesta grande preparação racional, que deve por muito tempo resultar especialmente do zelo privado e livre, inspirado e sustentado por genuínas convicções filosóficas. A imperfeita observação de uma grosseira harmonia política, sempre comprometida no meio de nossa desordem mental e moral, justamente absorve sua solicitude diária e mantém os governos atuais num ponto de vista demasiado inferior para que dignamente possam compreender a natureza e as condições de semelhante trabalho, cuja importância devemos pedir apenas que entrevejam. Se, por um zelo intempestivo, tentassem dirigi-lo hoje, sem o ligarem a uma filosofia bastante decisiva, só conseguiriam alterá-los profundamente, comprometendo-lhe a eficácia e fazendo-o degenerar logo em incoerente acúmulo de especialidades superficiais. Assim a escola positiva, que resultou de ativo e voluntário concurso dos espíritos verdadeiramente filosóficos, não terá durante muito tempo que pedir aos nossos governos ocidentais, para convenientemente desempenhar a sua grande missão social, senão a plena liberdade de exposição e de discussão, equivalente a de que já gozam a escola teológica e a metafísica. Uma pode todos os dias, nas suas mil tribunas sagradas, preconizar, à sua vontade, a excelência absoluta de sua eterna doutrina e votar todos os seus adversários a uma irrevogável danação; a outra, em suas numerosas cátedras, que a condição nacional lhe sustenta, pode diariamente desenvolver, diante de imensos auditórios, a eficácia universal de suas concepções ontológicas e a preeminência indefinida de seus estudos literários. Sem pretender tais vantagens, que só o tempo deve proporcionar, a escola positiva pede apenas o simples direito de asilo regular nos edifícios municipais, para aí fazer diretamente apreciar sua aptidão final a satisfazer simultaneamente todas as nossas grandes necessidades sociais, propagando, com sabedoria, a única instrução sistemática que possa de agora em diante preparar uma verdadeira reorganização, primeiro mental, depois moral, e enfim política. Contanto que este livre acesso lhe seja sempre garantido, o zelo voluntário e gratuito de seus raros promotores será secundado pelo bom senso universal, e, sob o impulso crescente da situação fundamental, jamais temerá sustentar, mesmo a partir deste momento, uma ativa concorrência filosófica relativamente aos muitos e poderosos órgãos, mesmo reunidos, das duas escolas antigas. Ora, não se deve temer mais que, de agora em diante, os homens de Estado se afastem gravemente, neste sentido, da imparcial moderação inerente à sua própria indiferença especulativa: a escola positiva tem mesmo razão para contar, sob este aspecto, com a benevolência habitual dos mais inteligentes dentre eles, não somente em França, mas em todo o nosso Ocidente. A sua contínua vigilância sobre este ensino livre e popular, se limitará logo a prescrever-lhe apenas a permanente condição de uma genuína positividade, afastando dele, com inflexível severidade, a introdução, demasiado iminente ainda, das especulações vagas ou sofísticas. Mas, a este respeito, as necessidades eventuais da escola positiva estão diretamente de acordo com os deveres naturais dos governos; porque, se estes devem repelir tal abuso em virtude de sua tendência anárquica, aquela, além deste justo motivo, o julga plenamente contrário ao destino fundamental de semelhante ensino, por alentar esse mesmo espírito metafísico, onde ela hoje enxerga o principal obstáculo ao advento da nova filosofia. Sob este aspecto, como a qualquer outro título, os filósofos positivos se sentirão sempre quase tão interessados quanto os poderes atuais, na dupla manutenção contínua da ordem interior e da paz exterior, porque nela vêem a condição mais favorável à verdadeira renovação mental e moral: somente, do ponto de vista que lhes é próprio, eles devem perceber de mais longe o que poderia comprometer ou consolidar esse grande resultado político do conjunto de nossa situação transitória.

CAPÍTULO 3

Ordem Necessária dos Estudos Positivos

Caracterizamos agora suficientemente, a todos os respeitos, a importância capital que hoje apresenta a universal propagação dos estudos positivos, sobretudo entre os proletários, para constituírem doravante indispensável ponto de apoio, mental e social, à elaboração filosófica que gradualmente deve determinar a reorganização espiritual das sociedades modernas. Semelhante apreciação ficaria, porém, incompleta e mesmo insuficiente, se a parte final deste Discurso não fosse diretamente consagrada a estabelecer a ordem fundamental que convém a essa série de estudos, de maneira a fixar a verdadeira posição, que deve ocupar, em seu conjunto, aquele que será em seguida o objeto exclusivo deste Tratado. Longe de ser este arranjo didático quase indiferente, como o nosso vicioso regime científico muitas vezes o faz supor, podemos assegurar, pelo contrário, que é dele sobretudo que depende a principal eficácia, intelectual ou social, desta grande preparação. Existe, além disto, íntima solidariedade entre a concepção enciclopédica de onde resulta esse estudo e a lei fundamental da evolução que serve de base à nova filosofia geral.

I. Lei da classificação

Semelhante ordem deve, por sua natureza, preencher duas condições essenciais, uma dogmática, outra histórica, cuja convergência necessária cumpre desde logo reconhecer: a primeira consiste em ordenar as ciências segundo sua dependência sucessiva, de sorte que cada uma repousa sobre a precedente e prepara a seguinte; a segunda manda dispô-las de acordo com a marcha de sua formação efetiva, passando sempre das mais antigas às mais recentes. Ora, a equivalência espontânea destas duas vias enciclopédicas resulta, em geral, da identidade fundamental que existe inevitavelmente entre a evolução individual e a evolução coletiva, as quais, tendo igual origem, destino semelhante e um mesmo agente, devem sempre oferecer fases correspondentes, salvo as únicas diversidades de duração, de intensidade e de velocidade, inerentes à desigualdade dos dois organismos. Tal concurso necessário permite, pois, conceber estes dois modos como dois aspectos correlatos de um mesmo princípio enciclopédico, de modo que se possa empregar habitualmente aquele que, em cada caso, melhor manifestar as relações consideradas, e com a preciosa faculdade de poder constantemente verificar por um o que tiver resultado do outro.

A lei fundamental dessa ordem comum, de dependência dogmática e de sucessão histórica, foi completamente estabelecida na grande obra já citada e cujo plano geral ela determina. Consiste em classificar as ciências de acordo com a natureza dos fenômenos estudados, segundo sua generalidade e sua independência decrescentes, ou sua complicação crescente, de onde resultam especulações cada vez mais abstratas e mais difíceis, mas também cada vez mais eminentes e completetas, em virtude de sua relação mais íntima com o homem, ou antes com a Humanidade, objeto final de todo o sistema teórico. Esta classificação tira o seu principal valor filosófico, tanto científico como lógico, da identidade constante e necessária que existe entre todos esses diversos modos de comparação especulativa dos fenômenos naturais, e de onde resultam outros tantos teoremas enciclopédicos, cuja explicação e uso pertencem à obra citada, que, além disto, sob o ponto de vista ativo, lhe acrescenta esta importante relação geral: que os fenômenos, segundo a ordem de classificação, se tornam cada vez mais modificáveis, e assim oferecem um campo gradativamente mais vasto à intervenção humana. Basta indicar aqui de modo sumário a aplicação deste grande princípio à determinação racional da verdadeira hierarquia dos estudos fundamentais, diretamente concebidos de ora avante como os diferentes elementos essenciais de uma ciência única, a da Humanidade.

II. Lei enciclopédica ou hierarquia das ciências

Este objeto final de todas as nossas especulações reais exige evidentemente, por sua natureza, ao mesmo tempo científica e lógica, duplo preâmbulo indispensável, relativo, de um lado, ao homem propriamente dito, de outro, ao mundo exterior. E, de fato, não poderiam os fenômenos, estáticos ou dinâmicos, da sociabilidade ser estudados racionalmente se não fossem primeiro conhecidos o agente especial que os opera e o meio geral onde se realizam. Daí resulta, pois, a divisão necessária da filosofia natural, destinada a preparar a filosofia social, em dois grandes ramos, um orgânico, outro inorgânico. Quanto à disposição relativa destes dois estudos igualmente fundamentais, todos os motivos essenciais, quer científicos, quer lógicos, concorrem para prescrever, na educação individual e na evolução coletiva, que se comece pelo segundo, cujos fenômenos mais simples e mais independentes, em razão de sua generalidade superior, são os únicos a comportar desde logo uma apreciação verdadeiramente positiva, enquanto suas leis, diretamente relativas à existência universal, exercem em seguida uma influência necessária sobre a existência especial dos corpos vivos. A Astronomia constitui necessariamente, a todos os respeitos, o elemento mais decisivo desta teoria preliminar do mundo exterior, quer por ser mais suscetível de plena positividade, quer na medida em que caracteriza o meio geral de quaisquer de nossos fenômenos, e ainda por manifestar, sem nenhuma outra complicação, a simples existência matemática, isto é, geométrica ou mecânica, comum a todos os seres reais. Mesmo, porém, quando condensássemos o máximo possível as verdadeiras concepções enciclopédicas, não poderíamos reduzir a filosofia inorgânica a este elemento principal, porque ela ficaria então completamente isolada da filosofia orgânica. O seu laço fundamental, científico e lógico, consiste sobretudo no ramo mais complexo da primeira: o estudo dos fenômenos de composição e de decomposição, os mais eminentes daqueles que a existência universal comporta e os mais próximos da ordem vital propriamente dita. É assim que a filosofia natural, encarada como preâmbulo necessário da filosofia social, decompondo-se a princípio em dois estudos extremos e um intermediário, compreende sucessivamente estas três grandes ciências, a Astronomia, a Química e a Biologia, das quais a primeira se liga imediatamente à origem espontânea do verdadeiro espírito científico e a última ao seu destino essencial. Seu surto inicial respectivo refere-se historicamente à antigüidade grega, à Idade Média e à época moderna.

Semelhante apreciação enciclopédica não preenche ainda as condições indispensáveis de continuidade e de espontaneidade peculiares a tal assunto: por um lado deixa uma lacuna capital entre a Astronomia e a Química, cuja ligação não poderia ser direta; por outro não indica suficientemente a verdadeira origem deste sistema especulativo, como simples prolongamento abstrato da razão comum, cujo ponto de partida científico não podia ser diretamente astronômico. Para completar, porém, a fórmula fundamental, basta nela inserir, em primeiro lugar, entre a Astronomia e a Química, a Física propriamente dita, que só adquiriu existência distinta sob Galileu; em segundo lugar, colocar, no começo deste vasto conjunto, a Ciência Matemática, único berço necessário da positividade racional, tanto para o indivíduo como para a espécie. Se, por uma aplicação mais especial do nosso princípio enciclopédico, se decompuser, por sua vez, esta ciência inicial em seus três grandes ramos, o Cálculo, a Geometria e a Mecânica, se determinará enfim, com a última precisão filosófica, a verdadeira origem de todo o sistema científico, saído a princípio, com efeito, das especulações puramente numéricas, que, sendo as mais gerais, as mais abstratas e as mais independentes de todas, quase se confundem com a irrupção espontânea do espírito positivo nas inteligências mais vulgares, como o confirma ainda, sob os nossos olhos, a observação, diária do desenvolvimento individual.

Chega-se, assim, de modo gradual, a descobrir a invariável hierarquia, a um tempo histórica e dogmática, igualmente científica e lógica, das seis ciências fundamentais, a Matemática, a Astronomia, a Física, a Química, a Biologia e a Sociologia, das quais a primeira constitui necessariamente o ponto de partida exclusivo e a última o fim único e essencial de toda a filosofia positiva, encarada daqui por diante como formando, por sua natureza, um sistema verdadeiramente indivisível, onde toda decomposição é radicalmente artificial, sem ser, aliás, de nenhum modo, arbitrária, pois tudo nele se refere enfim à Humanidade, única concepção plenamente universal. O conjunto desta fórmula enciclopédica, exatamente conforme às verdadeiras afinidades dos estudos correspondentes, compreendendo, além disso, sem nenhuma dúvida, todos os elementos de nossas especulações reais, permite enfim a cada inteligência renovar à sua vontade a história geral do espírito positivo, ao passar, de modo quase insensível, das mais insignificantes idéias matemáticas aos mais altos pensamentos sociais. É claro, com efeito, que cada uma das quatro ciências intermediárias se confunde, por assim dizer, com a precedente quanto aos seus fenômenos mais simples e com a seguinte quanto aos mais eminentes. Esta perfeita continuidade espontânea se tornará sobretudo irrecusável a todos que reconhecerem, na obra acima indicada, que o mesmo princípio enciclopédico fornece também a classificação racional das diversas partes constituintes de cada estudo fundamental, de sorte que os degraus dogmáticos e as fases históricas se podem exprimir tanto quanto o exige a precisão das comparações ou a facilidade das transições.

No estado presente das inteligências, a aplicação lógica desta grande fórmula é ainda mais importante do que o seu uso científico, por ser o método, em nossos dias, mais essencial do que a própria doutrina, e além disso o único imediatamente suscetível de plena regeneração. Sua principal utilidade consiste, pois, hoje, em determinar, com rigor, a marcha invariável de toda educação realmente positiva, no meio dos preconceitos irracionais e dos viciosos hábitos peculiares ao desenvolvimento preliminar do sistema científico, formado, assim, gradualmente de teorias parciais e incoerentes, cujas relações deviam até hoje permanecer despercebidas de seus fundadores sucessivos. Todas as classes atuais de sábios violam agora, com igual gravidade, ainda que a títulos diversos, esta obrigação fundamental. Limitando-nos aqui a indicar os dois casos extremos: os geômetras, justamente orgulhosos de se acharem colocados na verdadeira origem da positividade racional, se obstinam às cegas em reter o espírito humano neste grau puramente inicial do verdadeiro desenvolvimento especulativo, sem jamais considerarem o seu único destino necessário; ao contrário, os biologistas, enaltecendo, com bom direito, a dignidade superior do seu assunto, imediatamente vizinho deste grande destino, persistem em manter seus estudos em irracional insulamento, libertando-se arbitrariamente da difícil preparação que a sua natureza exige. Estas disposições opostas, mas por igual empíricas, conduzem frequentemente hoje, uns, a vão desperdício de esforços intelectuais, consumidos daqui por diante em pesquisas mais e mais pueris; outros, a uma instabilidade contínua das diversas noções essenciais, por falta de marcha verdadeiramente positiva. Sob este último aspecto, sobretudo, deve-se notar, com efeito, que os estudos sociais não são agora os únicos a permanecerem ainda exteriores ao sistema plenamente positivo, sob o estéril domínio do espírito teológico-metafísico; na realidade, os próprios estudos biológicos, sobretudo dinâmicos, embora estejam academicamente constituídos, não alcançaram também até aqui, uma verdadeira positividade, pois nenhuma doutrina capital se acha hoje neles esboçada no grau requerido, de sorte que o campo das ilusões e das charlatanices ainda aí permanece quase indefinido. Ora, o deplorável prolongamento de semelhante situação resulta essencialmente, em ambos os casos, do insuficiente preenchimento das grandes condições lógicas determinadas por nossa lei enciclopédica; porque ninguém contesta mais, há muito tempo, a necessidade de se adotar naqueles estudos a marcha positiva: mas todos lhe desconhecem a natureza e as obrigações que só a genuína hierarquia positiva pode caracterizar. Que esperar, com efeito, quer em relação aos fenômenos sociais, quer mesmo em relação ao estudo mais simples da vida individual, de uma cultura que empreende diretamente especulações tão complexas, sem para tal se ter dignamente preparado através de sã apreciação dos métodos e das doutrinas relativas aos diversos fenômenos menos complicados e mais gerais, sem poder, portanto, suficientemente conhecer nem a lógica indutiva, caracterizada principalmente, no estado rudimentar, pela Química, pela Física, e antes pela Astronomia, nem mesmo a pura lógica dedutiva, ou a arte elementar do raciocínio decisivo, que só a Matemática pode convenientemente desenvolver?

Para facilitar o uso habitual de nossa fórmula hierárquica, é muito conveniente, quando não se tem necessidade de grande precisão enciclopédica, sejam os seus termos grupados dois a dois, reduzindo-a a três pares, um inicial, matemático-astronômico, outro final, biológico-sociológico, separados e reunidos pelo par intermediário, físico-químico. Esta feliz condensação resulta de irrecusável apreciação, pois existe, de fato, maior afinidade natural, tanto científica como lógica, entre os dois elementos de cada par do que entre os próprios pares consecutivos, como o confirma muitas vezes a dificuldade que se experimenta em separar nitidamente a Matemática da Astronomia, e a Física da Química, em virtude dos hábitos vagos que ainda dominam todos os pensamentos de conjunto; a Biologia e a Sociologia, sobretudo, continuam quase a ser confundidas pela maior parte dos pensadores atuais. Sem chegar nunca até essas viciosas confusões, que alterariam radicalmente as transições enciclopédicas, será, as mais das vezes, útil reduzir assim a hierarquia elementar das especulações reais aos três pares mencionados, cada um dos quais poderá, aliás, ser designado brevemente pelo seu elemento mais especial, que é sempre, na realidade, o mais característico e o mais próprio para definir as grandes fases da evolução positiva, individual e coletiva.

III. Importância da lei enciclopédica

Esta apreciação sumária basta aqui para indicar o destino e assinalar a importância de semelhante lei enciclopédica, onde reside, afinal, uma das duas ideias-mães, cuja íntima combinação espontânea constitui necessariamente a base sistemática da nova filosofia geral. A terminação deste longo Discurso, no qual o genuíno espírito positivo foi caracterizado sob todos os aspectos essenciais, aproxima-se, assim, do seu começo, pois esta teoria da classificação deve ser encarada, em último lugar, como naturalmente inseparável da teoria da evolução, ali exposta; de sorte que o Discurso atual forma, por si mesmo, verdadeiro conjunto, imagem fiel, embora muito reduzida, de um vasto sistema. É fácil compreender, com efeito, que a consideração habitual de semelhante hierarquia deve tornar-se indispensável, quer para aplicar, de modo conveniente, nossa lei inicial dos três estados, quer para dissipar suficientemente as únicas objeções sérias que possa comportar; porque a frequente simultaneidade histórica das três grandes fases mentais para com especulações diferentes, constituiria, de qualquer outro modo, inexplicável anomalia que, ao contrário, nossa lei hierárquica, a qual se refere tanto à sucessão quanto à dependência dos diversos estudos positivos, resolve espontaneamente.

Concebe-se igualmente em sentido inverso que a regra de classificação supõe a da evolução, pois todos os motivos essenciais da ordem assim estabelecida resultam, no fundo, da desigual rapidez de semelhante desenvolvimento entre as diferentes ciências fundamentais.

A combinação racional entre estas duas ideias-mães constitui a unidade necessária do sistema científico, onde todas as partes concorrem cada vez mais para um mesmo fim, e assegura também, por outro lado, a justa independência das diversas ciências principais, ainda amiúde muito alterada por viciosas aproximações. O espírito positivo, no seu desenvolvimento preliminar, único até aqui realizado, teve de estender-se gradualmente dos estudos inferiores aos superiores, de modo que estes ficaram inevitavelmente expostos à opressiva invasão dos primeiros, contra o ascendente dos quais sua indispensável originalidade não achava a princípio garantia senão no prolongamento exagerado da tutela teológico-metafísica. Esta deplorável flutuação, muito sensível ainda na ciência dos corpos vivos, caracteriza hoje o que contém de real, no fundo, as longas controvérsias, aliás tão vãs, sob qualquer outro aspecto, entre o materialismo e o espiritualismo, representando, de modo provisório, sob formas igualmente viciosas, as necessidades igualmente graves, embora infelizmente opostas até aqui da realidade e da dignidade de quaisquer de nossas especulações. Tendo, doravante, atingido sua madureza sistemática, o espírito positivo dissipa ao mesmo tempo essas duas ordens de aberrações, terminando esses estéreis conflitos pela satisfação simultânea destas duas condições viciosamente contrárias, como o indica logo nossa hierarquia científica combinada com a nossa lei da evolução, pois cada ciência não pode atingir o verdadeiro estado positivo senão quando a originalidade do seu caráter próprio se acha plenamente consolidada.

CONCLUSÃO

Aplicação ao Ensino da Astronomia

Uma aplicação direta desta teoria enciclopédica, ao mesmo tempo científica e lógica, nos conduz enfim a definir exatamente a natureza e o destino do ensino especial ao qual este Tratado é consagrado. Resulta, com efeito, das explicações precedentes, que a principal eficácia, primeiro mental, depois social, que devemos procurar hoje na criteriosa propagação universal dos estudos positivos depende necessariamente da estrita observância didática da lei hierárquica. Para cada rápida iniciação individual, como para a lenta iniciação coletiva, será sempre indispensável que, desenvolvendo seu regime, o espírito positivo, à medida que expande seu domínio, se eleve aos poucos, do estado matemático inicial ao estado sociológico final, percorrendo sucessivamente os quatro degraus intermediários, astronômico, físico, químico e biológico. Nenhuma superioridade individual pode verdadeiramente dispensar desta gradação fundamental, a respeito da qual temos ocasiões de sobra de verificar hoje, em altas inteligências, uma irreparável lacuna, que por vezes tem neutralizado eminentes esforços filosóficos. Semelhante marcha deve, pois, tornar-se ainda mais indispensável na educação universal, onde as especialidades têm pouca importância, e cuja principal utilidade, mais lógica do que científica, exige essencialmente plena racionalidade, sobretudo quando se trata de constituir enfim o verdadeiro regime mental. Assim, este ensino popular deve referir-se principalmente ao primeiro par científico, até que se ache convenientemente vulgarizado. É aí que todos devem, em primeiro lugar, excluir as verdadeiras noções elementares da sua positividade geral, adquirindo os conhecimentos que servem de base a todas as outras especulações reais. Embora esta estrita obrigação conduza forçosamente a colocar no começo os estudos puramente matemáticos, cumpre, entretanto, considerar que não se trata ainda de estabelecer uma sistematização direta e completa da instrução popular, mas apenas de imprimir convenientemente o impulso filosófico que a ela deve conduzir. Desde então se reconhece com facilidade que semelhante movimento deve depender sobretudo dos estudos astronômicos, que, por sua natureza, oferecem necessariamente a plena manifestação do genuíno espírito matemático, do qual constituem, no fundo, o principal destino. Há tanto menos inconvenientes atuais em caracterizar, assim, o par inicial pela Astronomia só, quanto os conhecimentos matemáticos realmente indispensáveis à sua judiciosa divulgação já estão bastante difundidos ou são bastante fáceis de adquirir, para que nos possamos limitar hoje a supô-los provindos de uma preparação espontânea.

Esta preponderância necessária da ciência astronômica na primeira propagação sistemática da iniciação positiva é plenamente conforme à influência histórica de tal estudo, principal motor até aqui das grandes revoluções intelectuais. O sentimento fundamental da invariabilidade das leis naturais devia desenvolver-se, com efeito, primeiramente em relação aos fenômenos mais simples e mais gerais, cuja regularidade e grandeza superiores nos manifestam a única ordem real que seja por completo independente de qualquer intervenção humana. Antes mesmo de comportar um caráter genuinamente científico, esta classe de concepções determinou sobretudo a passagem decisiva do fetichismo ao politeísmo, que resultou em toda parte do culto dos astros. Seu principal esboço matemático, nas escolas de Tales e Pitágoras, constituiu em seguida a principal origem mental da decadência do politeísmo e do ascendente do monoteísmo. Enfim o desenvolvimento sistemático da positividade moderna, que tende abertamente para um novo regime filosófico, resultou essencialmente da grande renovação astronômica começada por Copérnico, Kepler e Galileu. Não é, pois, muito de admirar que a universal iniciação positiva, sobre a qual deve apoiar-se o advento direto da filosofia definitiva, dependa também primeiramente de semelhante estudo, em virtude da conformidade necessária da educação do indivíduo com a evolução coletiva. Este é, sem dúvida, o último ofício fundamental que lhe deva ser próprio no desenvolvimento geral da razão humana, a qual, tendo uma vez atingido, entre todos, uma verdadeira positividade, deverá marchar em seguida sob um novo impulso filosófico diretamente emanado da ciência final, desde então para sempre investida na sua presidência normal. Tal é a eminente utilidade, não menos social do que mental, que se trata aqui de retirar enfim de judiciosa exposição popular do sistema atual dos sãos estudos astronômicos.